상위권 대학으로 가는 지름길

독서로 완성하는 학생부

상위권 대학으로 가는 지름길

독서로 완성하는
학생부

서현경·엄신조 지음

한국경제신문 *i*

2020년~2024년 대입 정보

학생부 주요항목 내 비교과영역(요소) 개선 현황

구분		2021년 고3~고2 (2022~2023학년도 대입)	2021년 고1 (2024학년도 대입)

① 교과활동		과목당 500자
		- 방과후학교 활동(수강)
		  내용 미기재
			과목당 500자
			- 방과후학교 활동 (수강)
			  내용 미기재
			- 영재·발명교육 실적 대입
			  미반영

② 종합의견		연간 500자	연간 500자
③ 비교과 영역	자율활동	연간 500자	연간 500자

	동아리활동	연간 500자
		- 자율동아리는 연간 1개(30자)
		  만 기재, 청소년단체활동은
		  단체명만 기재
		- 소논문 기재 금지
			연간 500자
			- 자율동아리 대입 미반영(기재),
			  청소년단체활동 미기재
			- 소논문 기재 금지

	봉사활동	- 특기사항 미기재
		- 교내·외 봉사활동 실적 기재
			- 특기사항 미기재
			- 개인봉사활동 실적 대입 미반
			  영(기재)
			  단, 학교교육계획에 따라
			  교사가 지도한 실적은 대입
			  반영

	진로활동	연간 700자
		- 진로희망분야 대입 미반영
		  (기재)
			연간 700자
			- 진로희망분야 대입 미반영
			  (기재)

	수상경력	교내 수상 학기당 1건만(3년간 6건) 대입 반영	대입 미반영(기재)
	독서활동	도서명과 저자	대입 미반영(기재)

※ (미기재) 학생부에서 삭제, (미반영) 학생부에는 기재하되, 대입자료로 미전송

자료 = 교육부 학생부종합전형조사단

독서 기반 학생부 10계명

❶ 연간, 월간, 주간 단위로 학년별 독서계획을 세우라.

❷ 학년별 교과독서 10권＋진로독서 3권＋학교 추천도서 7권을 지키자.

❸ 교과 관련 활동에서 독서를 통한 심화자료 탐색을 생활화하라.

❹ 세부능력 특기사항을 교과 단원별 심화독서로 특화하라.

❺ 차례와 소제목을 살펴본 후 내용을 상상하면서 읽기 시작하라.

❻ 인상적인 부분에 밑줄을 긋고, 1페이지로 기록하라.

❼ 책을 읽은 후 관련 논문을 찾아 읽으라.

❽ 한 분야의 책을 두 권 이상 집중적으로 읽으라.

❾ 독서활용 수행평가, 탐구과제를 제출하라.

❿ 지금 바로 연간 계획표 기록을 시작하라.

차례

제1장 미래 인재, 독서로 키우자!

제2장 독서가 바로 공부다!

제3장 독서 기반 학생부 기록 사례

제4장 독서 중심 학생부 전략노트

부록 내가 하는 독서목록 설계표

••• 공부와 입시, 독서로 완벽하게 해결하기_서현경

이 책의 핵심 주제인 '학생부종합전형^(학종)'은 어느 날 만들어진 입시 제도가 아니다. 특목고와 각종 중점학교의 학생들을 대상으로 한 특별 전형에서 포트폴리오와 우수성 입증자료를 분석해서 선발했던 방식이 확대, 정착된 것이 학생부종합전형이다. 특목고 출신이 아니더라도 우수한 학생들이 많은데, 왜 유독 특목고 학생들만 원하는 대학에 진학할 수 있었을까? 답은 생각보다 간단하다. 그들은 평소 긴 시간을 투자해서 자신이 가진 역량을 기록하고, 스펙 관리를 철저히 했다. 또한 학교에서는 다양하고 높은 수준의 교내 프로그램을 마련해서 학생들의 참여를 독려했고, 그 결과를 학생부 기록으로 잘 남겼기 때문이다.

그렇다면 학교와 관계없이 성공할 수 있는 학종 전략과 방법은 무엇일까? 그 해답은 학생들이 다양한 활동을 하면서 적어도 2~3년 동안 꾸준히 준비한 내용을 기재하는 방법이다. 시간을 가지고 진로를 탐색해서 결정하고, 학교에서 이뤄지는 수업을 통해 학업역량을 향상시키며, 스스로의 역량을 기르기 위해 노력한 사항을 기록하고 정리하는 준비가 필요하다. 조급하고 불안하다고 해서 내가 준비하지도 않은 활동들을 적을 수는 없다. 내가 읽지도 않은 책을 기록할 수도 없다. 차근차근 준비한, 노력과 끈기가 담긴, 개성이 있는 학생부만이 학생 성장과 대입 합격이라는 두 가지 목표를 이룰 수 있게 결과를 만들어준다.

학교와 지역이 천차만별인 학생들의 학생부종합전형 입시를 지도해오면서 늘 고심하지 않을 수 없었다. 각 학생이 속한 환경 안에서 최선의 결과를 이끌어낼 방법을 함께 고민하는 중에, 대학 합격도 중요하지만 '학생 스스로 자신의 진로를 충분히 생각하고, 선택하도록 도와야만 후회가 없다'라는 의무감 같은 것이 늘 마음에 남아 있다. 일종의 직업병이 된 듯하다.

이 책에서 계속 강조했듯이 독서를 통한 탐색은 항상 좋은 결과를 가져다줬다. 결코 실망시키지 않았다. 그동안 중학생에서부터 고등학교 1, 2학년 학생들, 심지어 입시가 코앞인 고등학교 3학년에 이르기까지 많은 학생들을 만났다. 가끔은 수시 지원 직전에 만난 학생들도 있다. 학년이나 시기에 상관없이 다들 독서를 바탕으로 한 활동을 준비하는 과정을 가장 힘들어한다. 그러나 어려움의 임계점을 넘은, 꾸준한 독서가 결국 큰 힘을 발휘한다는 진리를 많은 사례로 제시할 수 있다.

독서로 기초가 다져진 학생들은 대학 진학 후에도 자신의 학업에서 긍정적인 성과를 올리고, 위력을 발휘한다. 또한 학과에서 교수에게 인정받는 학생이 돼 대학생활에 자신감을 갖게 됐다는 피드백을 자주 받는다. 그런 이야기를 들을 때마다 보람과 자부심을 느끼고, 다시 한번 독서가 가진 힘을 믿게 되곤 한다.

　그러나 현실로 돌아와 보면 안타까운 생각이 든다. 입시가 바뀔 때마다 수학이나 영어가 강조되고, 또 국어가 강조되지만 독서는 후순위로 밀려나 있기 때문이다. 수학학원 두 군데쯤 갔다가 영어학원이나 기타 과목을 배우고 나서야 생각하는 것이 독서인 현실이다. 많은 학생들이 독서이력 작성 시기가 오면 허겁지겁 책을 훑어보고, 기록하는 방법을 택한다. 일반적으로 성적이 잘 나오지 않거나 자료 분석을 어려워하고, 말을 잘하지 못할 때 독서를 하지 않아서 그렇다는 말들을 한다. 당연히 독서가 부족한 것을 학생 스스로도 잘 알고 있다. 그러나 비록 지금까지는 독서가 부족했더라도 포기해서는 안 된다는 점을 강조하고 싶다. 지금부터 한 걸음씩 시작하다 보면 예상치 못한, 놀라운 결과가 눈앞에 펼쳐질 것이다.

　독서를 통한, 학생 개인의 성장과 더불어 상위권 대학 입학성공까지 증명해줄 여러 가지 사례를 제공하려고 한다. 이 책이 제시하는 내용에 따라 정확히 맥을 잡는다면 생각보다 어렵지 않다. 이 책이 소개하는 전략노트를 적극 활용해 기록만 잘 해도 학생 스스로 크게 성장했다는 사실을 깨달을 것이다. 학교 내신이 별로 좋지 않고 스펙이 없지만, 좋은 성과를 거둔 학생들 중에서는 독서활동 이력이 부각된 경우가 많다. 학생과 학부모는 물론, 고3을 가르치는 교사들마저도 복잡다단한 입시 내용을 모두 꿰뚫지는 못한다. 그만큼 복잡하고 이해하기 어려운 입시 과정 때문에 앓아눕는 학부모들도 있다. 하지만 여유를 갖고 접근하길 바란다.

학생부종합전형으로 대학에 가려는 학생들과 학부모들의 노력이 헛되지 않기를 바라는 마음에서 이 책을 집필했다. 이 책은 '독서의 중요성을 알겠으나 독서에 집중한 입시로 성공할 수 있을까?' 하는 의문에 '그렇다'라는 확신을 준다. 이 책은 학생부종합전형에서 독서가 대세인 이유, 독서를 통한 입시전략과 실천방안을 다룬다. 교과별, 전공별 추천도서와 워크북 과정을 따라 체계적인 독서습관을 만든다면 수시에 합격하는 것은 물론, 4차 산업시대가 요구하는 인재가 될 수 있을 것이다. 다시 강조하지만 독서를 통한 모든 활동을 더 미루면 안 된다. 입시만을 위한 독서를 말하는 것이 아니다. 독서는 삶의 질을 바꿀 뿐만 아니라 삶 자체를 이끄는 힘이 된다.

••• 미래 환경 변화와 독서의 필요성_엄신조

우리는 미래의 환경이 지금과 달리 크게 변할 것이라는, 다양한 예측과 여러 시나리오를 듣고 산다. 수험생을 둔 학부모는 머리가 더 복잡해질 수밖에 없다. 사회 변화에 걸맞은 교육, 4차 산업혁명 시대를 주도적으로 이끌어가야 할 내 자녀에게 필요한 교육이 무엇인지 잘 모르기 때문에 마음만 조급해진다. '미래를 대비한 교육이 무엇일까? 어떤 교육이 아이들에게 필요할까?'라는 화두가 조바심을 갖게 만든다. 그런데 이게 전부가 아니다. 수시로 바뀌는 교육과정과 입시제도 또한 학생과 학부모에게 부담을 안기며 갈피를 못 잡게 한다.

2015년 새 교육과정 적용으로 과정 중심 교육이 강조되며 수행평가의 중요성이 크게 확대됐다. 수능절대평가제, 고교학점제 현실화, 교과 중심의 내신 성적과 다양한 비교과 경험을 동시에 쌓아야 하는 현실 등 무슨 개념인지 파악하기조차 어렵다. 2023학년도 대입제도 개편안에 따르면 학생부 기록과 관련한 세부사항도 달라졌다. 학생도, 학부모도 무엇부터 준비해야 할지 두려운 마음만 커진다. 쏟아지는 정보와 계속되는 변화 속에서도 흔들리지 않고 미래에 대비할 수 있는 유일한 정답은 바로 '독서'라고 강조하고 싶다.

독서는 모든 학습과 사고력의 기초가 된다. 교과 수행평가와 비교과 활동의 시작이기도 하다. 더 나아가 상위권 대학으로 가는 지름길이 된다. 이 책이 제공하는 실전 독서 기반 전략노트, 그리고 추천도서는 수험생과 학부모에게 큰 도움이 될 것이다. 이 책이 소개하는 내용을 놓치지 말고, 자기 것으로 만들어가기를 권한다. 가장 중요한 것은 체계적인 독서습관 갖추기다. 첫술에 배부를 수 없고 처음부터 쉬운 일은 없지만, 지난한 과정을 겪으며 만들어진 독서습관은 수시에 합격하는 것을 넘어 4차 산업혁명 시대에 필요한 융합형 인재가 될 수 있게 할 것이다.

가능하다면 아이들의 독서습관은 일찍부터 길러주는 것이 좋다. 고등학생이 되면 수학이나 영어 등에 밀려 독서가 뒷전이 된다. 독서습관을 갖추지 못한 고2~3학년 학생들이 수시를 준비하면서 장벽에 부딪히는 것이 독서다. 늦어도 중학교 시절까지는 독서습관을 몸에 익힐 것을 강조한다. 중학교 시절의 독서가 고입뿐만 아니라 대입에도 크게 도움을 주기 때문이다.

　고등학생의 독서는 상위권 대입에서 가장 중요한 학업역량 증명 요소가 된다. 그렇다면 중고생의 성적과 진로 고민까지 한꺼번에 해결할 수 있는, 특별한 독서 포트폴리오 비법이 없을까? 독서역량과 내신도 챙기면서 학생부종합전형을 잘 준비하려면 적절한 독서계획 수립과 실행이 필요하다. 좋은 책을 골라 많이 읽는 전략이 좋긴 하지만 시간도 부족하고, 시간이 있다고 하더라도 어떻게 읽어나가야 할지 구체적인 가이드라인이 없는 실정이다.

　이 책은 그런 막막함에서 벗어날 수 있는 대안을 제시한다. 이 책이 소개하는 각 학생부 기재 요소에서 독서와의 연결고리를 만드는 방법을 익혀서 적용해보라. 한 권의 책이라도 계획해서 읽고, 전략적인 과정 중심 독서법으로 실행하길 바란다. 이 책의 가이드에 따라 지속성 있게 실천한다면 얼마든지 독서역량을 키울 수 있다. 독서 포트폴리오를 전략노트를 활용해 기록하고 남긴다면 공부도, 입시도 자연스레 해결될 것이다. 이 책을 읽는 독자들의 독서 성공과 입시 성공을 모두 기원한다.

제 1 장

미래 인재,
독서로 키우자!

상위권 대학 합격,
독서로 준비하자!

학생부종합전형이 늘어나면서 상위권 대학들을 중심으로 논술과 특기자 전형이 줄고 있다. 대학에서는 창의적인 사고와 논리적인 분석을 통해 문제를 잘 해결하는 학생을 뽑으려 한다. 이를 위해서 심층면접과 자체 선발고사를 활용하고 있다. 서울대학교 김경범 교수팀이 발표한 〈학생부 기반 면접 및 구술고사 연구〉 보고서에 따르면, 서울대학교 '지역균형선발전형(지균)' 면접의 64%가 독서와 관련 있는 질문이었다. 평소 책을 읽으며 탐구하는 역량을 갖춘 학생들의 경우, 대학에서 원하는 인재상에 걸맞게 스스로 성장하는 모습을 보여줬기 때문이다. 어떤 입시전형이든 강점을 보여줄 수 있도록 꾸준한 독서와 토론역량을 길러야겠다. 또한 글쓰기와 말하기 역량도 잘 갖춰야 한다. 자신의 지적 호기심과 관련된 노력들이 학생부에 고스란히 기록될 수 있도록 교내 수상기록이나 타 비교과도 독서 기반으로 채워나가자. 무엇보다 독서 포트폴리오를 꾸준히 작성하는 것이 포인트다.

01 　4차 산업혁명 시대,
　　　어떤 인재를 요구할까?

"앞으로 약 700만 개의 직업이 사라지고, 200만 개의 직업이 새로 생길 것이다."

옥스퍼드 대학교의 마이클 오스본(Michael Osborne) 교수의 말이다. 이처럼 4차 산업혁명은 이미 사회, 문화, 경제 등 모든 분야에서 큰 변화를 일으키고 있다. 무엇보다 속도가 중요한 이슈가 될 4차 산업혁명 시대에는 도전정신, 창조성, 혁신성을 갖춘 인재상이 부각될 것이다. 뿐만 아니라 구성원 전체의 능력을 극대화하기 위한 자율성에 기반한 리더십도 요구할 것이다.

정보통신기술과 인공지능 자동화기술은 사람들이 수행하던 단순·반복 업무를 인공지능 로봇에 넘겨줄 것인데, 이에 따라 창의적인 생각과 융·복합적인 업무처리 능력을 갖춘 인재들이 4차 산업혁명 시대에 각광받을 것이다. 지금까지의 세상이 지식의 양을 능력의 척도로 삼아온 시대였다면, 다가올 미래에는 창의적 사고가 능력의 기준이 될 전망이다. 세계 모든 국가들이 창의적인 역량을 갖춘 인재교육을 목표로 삼고 있으며, 우리나라도 여기에 발맞춰 교육개혁의 움직임이 활발해지고 있다.

정부는 4차 산업혁명 시대의 혁신성장을 일궈내는 데 필수조건인 창의성과 도전정신을 갖춘 인재양성을 위해 시동을 걸었다. 이를 위해서

'사람중심의 투자, 인재성장지원방안'을 발표했다. 인재양성을 위한 첫 단추가 되는 교육 부분의 내용을 정리하면 다음과 같다.

① 생각하는 힘을 길러주는 교육(토론, 발표수업 확대, SW, STEAM)
② 도전을 장려하는 교육(기업가 정신 교육, 대학 창업 활성화)
③ 더불어 사는 교육(민주시민 양성, 메이커교육 강화)
④ 창의융합교육 인프라 구축(고교학점제, 대학 학사제도 유연화)

그렇다면 우리 아이의 미래 교육은 어떤 모습으로 바뀔까? 다음 항목에서 정리·소개하는 '2015 개정 교육과정'을 살펴보고, 이를 바탕으로 바뀐 입시 상황에 대처해야 한다.

02 우리나라 학교교육과 입시제도의 변화

2017년 기준, 초등학교 1~2학년부터 적용되기 시작한 '2015 개정 교육과정'은 2020년 적용이 완료돼 2021학년도 대학입시부터 반영됐다. '2015 개정 교육과정'의 목표는 창의융합 인재육성이다. 창의융합 인재는 인문학적 상상력과 과학기술 창조력을 갖췄을 뿐만 아니라, 바른 인성을 겸비한 인재를 말한다.

새로운 지식을 창조하고 다양한 지식을 융합함으로써 새로운 가치를 창출할 수 있는 사람이 창의융합 인재다. 새 교육과정은 미래사회에서 벌어질 다양한 문제를 해결하기 위한 창의융합 인재의 필요성이 근거가 된다. 국·영·수에 치중한 교육을 개선하고, 창의적인 체험활동 운영의 자율성을 늘리며, 고등학교 학생의 과목 선택권을 강화하는 등 교육현장의 다양한 요구를 반영했다. 개정의 주요 방향은 크게 네 가지로 정리할 수 있다.

① 미래사회를 살아가는 데 필요한 핵심 역량 반영
② 인문·사회·과학기술의 기초 소양 함양
③ 배움을 즐기는 행복 교육이 가능하도록 학습량 적정화
④ 교수학습과 평가방법을 개선한 교실수업의 혁신

새로운 교육과정의 가이드라인을 통해 교과와 창의적 체험활동, 그리고 학교생활 전반에 걸쳐 학생의 실제 삶 속에서 무언가를 찾아내고 실행할 줄 알고 융합해내는 실질적인 능력을 기르겠다는 교육 당국의 의지를 살펴볼 수 있다. 한편 우리가 주목해야 할 핵심 역량은 다음과 같다.

자기 관리 역량, 지식정보처리 역량, 창의적 사고 역량
심미적 감성 역량, 의사소통 역량, 공동체 역량

2015 개정 교육과정 핵심 역량(2021학년도 입시부터 적용)

총론	바생	슬생	즐생	국어	사회	도덕	수학	과학	실과	체육	음악	미술	영어	창체	안전
자기관리역량	자기관리역량			자기성찰·계발역량	자기존중 및 관리 능력, 윤리적 성찰 및 실천성향	태도 및 실천		과학적 참여와 평생학습 능력	생활 자립 능력	건강관리 능력, 신체수련 능력	자기관리역량	자기주도적 미술학습 능력	자기관리역량	자율활동 진로활동	자기관리역량
지식정보 처리역량		지식정보 처리역량		자료·정보 활용 역량	문제해결력 및 의사결정력, 정보활용능력		문제해결 정보처리	과학적 탐구능력, 과학적 문제해결력	실천적 문제해결 능력, 기술적 문제해결 능력	경기수행 능력	음악 정보처리 역량	미술 문화 이해 능력	지식정보 처리역량	자율활동 진로활동	지식정보 처리역량
창의적 사고역량		창의적 사고역량	창의적 사고역량	비판적·창의적 사고 역량	창의적 사고력, 비판적 사고력	도덕적 사고능력	추론, 창의·융합	과학적 사고력	기술적 시스템 설계 능력, 기술적 활용능력		음악적 창의·융합사고 역량	창의·융합능력		자율활동 동아리활동	
심미적 감성역량		심미적 감성역량	문화 향유 역량							신체 표현능력	음악적 감성 역량	미적 감수성		동아리 활동	
의사소통 역량	의사소통 역량	의사소통 역량	의사소통 역량	의사소통 역량	의사소통 및 협업 능력	도덕적 대인 관계능력	의사소통	과학적 의사소통 능력	관계 형성 능력		음악적 소통 역량	시각적 소통능력	영어 의사소통 역량	자율활동 봉사활동	
공동체 역량	공동체 역량			공동체·대인관계 역량		도덕적 공동체 의식					문화적 공동체 역량		공동체 역량	동아리 활동 봉사활동	공동체 역량

- 자아정체성과 자신감을 가지고, 자신의 삶과 진로에 필요한 기초능력과 자질을 갖춰 자기주도적으로 살아갈 수 있는 자기 관리 역량
- 문제를 합리적으로 해결하기 위해 다양한 영역의 지식과 정보를 처리하고 활용할 수 있는 지식정보처리 역량
- 폭넓은 기초지식을 바탕으로 다양한 전문 분야의 지식, 기술, 경험을 융합적으로 활용해서 새로운 것을 창출하는 창의적 사고 역량
- 인간에 대한 공감적 이해와 문화적 감수성을 바탕으로 삶의 의미와 가치를 발견하고 향유하는 심미적 감성 역량
- 다양한 상황에서 자신의 생각과 감성을 효과적으로 표현하고 다른 사람의 의견을 경청하며 존중하는 의사소통 역량
- 지역·국가·세계 공동체의 구성원에게 요구되는 가치와 태도를 가지고 공동체 발전에 적극적으로 참여하는 공동체 역량

새로운 교육과정 중 교수학습 및 평가방법을 살펴보면 수업내용에도 변화가 대폭 예상된다. 즉 교과 특성에 맞는 학생 참여형 수업, 협동학

습 경험 제공, 학생 맞춤형 수업, 메타인지적 전략과 자기주도적 학습, 과정 중심 평가 강조, 서술형과 논술형 평가 및 수행평가 확대 등이다. 다시 말해 지금까지 통용된 암기 위주의 교육을 대체하겠다는 의지라고 볼 수 있다. 따라서 암기 위주의 주입식 교육은 설 자리가 없어진 것이다. 그에 대한 근거로 기존의 수업과 평가가 '설명, 강의식 수업을 선다형 객관식 문제풀이 중심으로 평가'한 것이었다면, 앞으로는 '토의, 토론, 프로젝트 등의 수업을 서술·논술형으로 평가하고, 수업과 병행해서 실험 및 실기에 해당하는 수행평가를 최소 4주당 1회씩 학기별 4회 이상 상시 운영해서 성적에 30~40% 반영'하겠다는 의지가 보인다.

03   학종 인재 핵심 역량 기준, 독서로 채우자

1) 독서가 내신(수행평가)을 좌우하는 현실

2022학년도부터 대학입시에서 일부 교과목에 수능절대평가가 예상된다. 그 결과 내신의 중요성이 더욱 커질 것임을 짐작할 수 있다. 내신에서는 지필고사 비중이 갈수록 줄고 있는 추세이며, 그 대신 수행평가가 30~40%를 차지한다. 이처럼 지금은 수행평가가 더욱 확대되는 흐름이다.

수행평가 문제 사례

- **중학교 3학년 수학, 확률 단원** : 실생활에서 쓰이는 확률 사례를 조사해서 발표.
- **중학교 2학년 과학** : 금속원소 불꽃 반응 실험.
- **중학교 1학년 국어** : 대통령 후보가 됐다고 가정한 후 자신을 홍보하는 광고 제작.

수행평가에 대한 성실한 준비는 사실상 대입에서 학생부종합전형을 준비하는 과정과 같다. 학생부종합전형은 교과 성적(내신)과 전공 적합성, 발전 가능성, 인성, 잠재력 등을 종합해서 판단한다. 대학은 문제 풀이의 달인인 수능형 인재보다 자기주도적 학습능력과 리더십, 창의력, 협업능력, 성실성, 인성 등을 고루 갖춘 학종형 인재를 훨씬 더 선호하고 있다.

2022학년도 대입의 경우, 학생부 위주인 수시전형(교과, 학종)에 따라 65.8%, 2023학년도에는 67.5%를 선발한다. 서울 상위권 15개 대학에서는 수시모집 인원의 36.2%(2022학년도)를 학종으로 선발한다. 현 교육 당국은 학종에 대해 그동안의 긍정적인 입시결과를 무시할 수는 없을 것이다. 수능의 경우 점진적으로 절대평가화, 자격고사화 하는 반면, 학종은 '금수저 전형'이라 지적받는 몇 가지 문제점을 보완해서 학생 개인별 과정 중심 평가를 강화하고, 특색을 살려갈 것으로 기대된다.

지금까지 해온 책상 앞에 앉아 문제집을 푸는 공부에서 벗어나야 한다. 수행평가는 서술·논술형 평가다. 따라서 학생들은 적절한 서술 능력과 논지 파악 능력, 사고력, 논리력, 글쓰기 실력 등을 갖춰야만 대비가 가능하다. 그렇다면 수행평가와 학종에서 요구하는 역량을 갖추려면 어떻게 해야 할까? 어떤 책을 읽었다면 주요 내용을 요약, 기록하고, 자신만의 시각으로 해석과 토론을 하면서 독후감을 완성해보는 활동이 중요하다. 이 같은 활동이 곧 수행평가와 학종을 대비하는 핵심이기 때문이다.

독서 포트폴리오 =
내신/수행평가/프로젝트 학습＋사고력 계발(읽기력/쓰기력/사고력)＋
독서과정 기록
= 대입(학종) 준비 관통

2) 학생부 관리와 독서의 상관관계

학생부종합전형에서는 자기소개서^(자소서)가 가장 중요하다고 생각하는 학생과 학부모가 많다. 하지만 실제로는 '학교생활기록부^(학생부)'가 가장 중요하다. 대학에서는 학생부에 수록된 성적으로 정량적인 평가를 하고 자기소개서를 통해 정성평가를 한 후, 학생부를 확인하고 최종 면접으로 학생의 실제 역량을 평가한다. 앞으로는 한양대학교처럼 자기소개서를 받지 않고, 학생부만으로 학생을 평가하는 학교의 비율이 늘어날 전망이다. 2021년 1월 기준, 대한민국 고등학생 학생부는 기록에 꼭 필요한 9가지 중요기재 영역으로 구성돼 있다^(이 책 120p). 입학사정관들은 이렇게 다양한 영역을 살펴보며 학생들의 '역량'을 파악한다.

학생부종합전형 평가요소

학생부 영역	평가요소				
	학업적성	전공 적합성	인성	자기주도성	경험의 다양성
인적 사항				○	
학적 사항	○	○			
출결 사항			○		
수상 경력	○	○	○	○	○
자격증 및 인증 취득 현황		○			○
진로희망사항		○		○	
창의적 체험활동 상황		○	○	○	○
교과 학습발달 상황	○	○			
독서활동 상황		○	○	○	○
행동특성 및 종합의견	○	○	○	○	○

대학마다 조금씩 다르지만 위의 표에서 소개한 5가지 평가요소(학업적성, 전공 적합성, 인성, 자기주도성, 경험의 다양성)를 중심으로 학생을 평가한다. 그 중에서도 중요한 항목들이 있다. 학생이 대학에 진학한 후 얼마나 탐구할 수 있는지를 가늠해볼 수 있는 학업역량과 자신의 전공에 대한 준비와 성숙도를 보여주는 전공 적합성이 상대적으로 중요하다. 또한 과거와 현재보다는 학생의 잠재력, 미래의 가능성을 평가하는 차원에서 발전 가능성을 중시하고 있다.

2017년을 기준으로 건국대, 경희대, 서울여대, 연세대, 중앙대, 한국외국어대 등 6개 대학은 전형의 평가요소를 학업역량, 전공 적합성, 발전 가능성, 인성으로 다음의 표와 같이 통일했다.

연세대학교 등 6개 대학 학종 평가요소

학생부 영역	평가요소			
	학업역량	전공 적합성	발전 가능성	인성
학적 사항			○	
출결 사항				○
수상 경력	○	○	○	○
자격증 및 인증 취득 현황		○	○	
진로희망사항		○	○	
창의적 체험활동 상황	○	○	○	○
교과 학습발달 상황	○	○	○	
독서활동 상황	○	○	○	
행동특성 및 종합의견	○	○	○	○

　학업역량과 발전 가능성은 주로 내신 성적을 바탕으로 평가한다. 여기서 내신은 중간고사, 기말고사, 수행평가, 방과후학교 참여도, 세부 능력 및 특기사항 기재사항 등을 모두 포함한 광범위한 개념이다. 그런데 비슷한 내신으로 누구는 대학에 붙고, 누구는 떨어진다. 심지어 더 좋은 내신 성적을 받은 학생이 대학 진학에 실패하는 경우가 비일비재하다. 학종이 불공정 평가라는 불만이 나오는 이유가 여기에 있다. 그러나 탈락의 이유는 학종의 평가기준에 의해서 발전 가능성과 전공 적합성 항목에서 상대적으로 낮은 성적을 받았기 때문이다. 따라서 학생들은 단순히 내신 성적뿐 아니라 학생부를 통해 학업역량을 증명함과 동시에 대학에 가면 전공 공부를 더욱 잘할 수 있다는 자신감을 입학사정관에게 어필해야 한다.

학생부종합전형의 평가요소와 평가항목 표준안[1]

전공 관련 교과목 이수 및 성취도
- 고교 교육과정에서 지원 전공(계열)에 필요한 과목을 수강하고 취득한 학업성취의 수준

전공에 대한 관심과 이해
- 지원 전공(계열)에 대한 궁금증을 해결하기 위해 주의를 기울인 태도와 알고 있는 정도

전공 관련 활동과 경험
- 지원 전공(계열)에 대한 관심을 충족시키기 위해 노력한 과정과 배운 점

학업성취도
- 석차등급 또는 원점수(평균/표준편차)를 활용해 산정한 학업능력 지표와 교과목 이수 현황, 노력 등을 기반으로 평가한 교과의 성취 수준이나 학업적 발전의 정도

협업능력
- 공동체의 목표를 달성하기 위해서 상호 신뢰를 바탕으로 함께 돕고 합께 생활할 수 있는 역량

전공 적합성
지원 전공(계열)과 관련된 분야에 대한 관심과 이해, 노력과 준비 정도

나눔과 배려
- 상대방을 존중하고 이해해서 원만한 관계를 형성하며, 타인을 위해서 기꺼이 나누어주고자 하는 태도와 행동

학업태도와 학업의지
- 학업을 수행하고 학습을 해나가는 자발적인 의지와 태도/학습자가 스스로 학습목표를 설정하고 적절한 학습전략을 선택해서 계획을 수립·실행하는 과정

학업역량
학업을 충실히 수행할 수 있는 기초수학능력

학생부 종합전형 평가요소

인성
공동체의 일원으로서 필요한 바람직한 사고와 행동

소통능력
- 상대방의 의견을 경청하고 공감할 수 있으며, 자신의 정보와 생각을 효과적으로 전달할 수 있는 역량

발전 가능성
현재의 상황이나 수준보다 질적으로 더 높은 단계로 항상될 가능성

도덕성
- 공동체의 기본윤리와 원칙에 따라 행동하고, 부정 또는 부당한 행동을 하지 않는 태도

탐구활동
- 어떤 대상에 대해 호기심을 가지고 깊고 폭넓게 탐구할 수 있는 능력

성실성
- 책임감을 바탕으로 꾸준히 노력해서 자신의 의무를 다하는 태도와 행동

자기주도성
- 스스로 목표를 설정하고 적절한 전략을 선택해서 계획을 수립하고 실행하는 성향

경험의 다양성
- 학교교육의 다양한 영역에서 직접 겪거나 활동하면서 얻은 성장과정 및 결과

리더십
- 공동체의 목표 달성을 위해 구성원의 화합과 단결을 이끌어가는 역량

창의적 문제해결력
- 창조적이고 논리적인 사고로 문제를 해결하는 능력

---

1. 6개대(건국대, 경희대, 서울여대, 연세대, 중앙대, 한국외국어대), 〈대입 전형 표준화방안 연구 결과보고서〉, 2018, p.222 참조.

3) 상위권 대학일수록 독서의 중요성이 크다

서울대학교는 유일하게 자기소개서에 독서항목이 별개로 존재한다. 그만큼 독서를 강조한다. 학생들이 감명 깊게 읽은 책 3권을 각 500자 이내 분량의 독서목록으로 작성해야 한다. 서울대학교의 면접도 거의 독서면접이라 말해도 지나치지 않다. 학생들이 읽은 독서량과 그 책을 읽게 된 동기, 책이 자신에게 미친 영향, 후속 독서 등을 면접 질문에 넣는다.

이처럼 서울대학교가 독서를 중요시하는 이유는 무엇일까? 독서를 많이 한 학생이 자신의 지적 호기심을 자극해서 지적 탐구 역량을 확장

균형 잡힌 학생부 관리

시키고, 자기주도적인 학습을 할 수 있음을 보여주는, 즉 대학이 원하는 인재라는 나름의 판단 때문이다. 읽는 힘과 생각하는 힘, 쓰는 힘, 말하는 힘 모두 창의융합 인재가 되는 학업역량이 된다. 우리나라 주요 상위권 대학들은 학생들의 변별력 강화를 위해서 서울대학교 입시체제를 따라 할 것으로 보인다. 교내 수상기록이나 타 비교과에만 집중하지 말고, 독서 포트폴리오를 꾸준히 작성한 후 자신의 지적 관심 영역이 학생부에 고스란히 기록될 수 있도록 평소 많은 노력을 기울여야 한다. 또한 독서와 함께 토론과정을 거쳐 글쓰기와 말하기 역량까지 기르는 것이 좋다. 아래 표를 보면 서울대학교 학생부 기반 면접 및 구술고사에서 가장 많이 활용된 것이 독서[39건]로 전공 역량, 전공 적합성, 지원 동기, 학업태도와 연계돼 있는 것으로 확인된다.

활용 정보와 평가항목의 연계성 분석

활용 정보(건수)	평가항목(건수)
독서(39)	전공 역량(18), 전공 적합성(19) , 지원 동기(1), 학업태도(1)
창/체 자율(2)	전공 적합성(1), 학업태도(1)
창/체 동아리(14)	인성(3), 전공 역량(5), 학업태도(6)
창/체 봉사(3)	인성(3)
창체 진로(6)	전공 적합성(1), 지원 동기(5)
교과 세특(3)	학업능력(3)
수상 (1)	전공 적합성(1)
자기소개서(18)	인성(3), 전공 역량(12), 전공 적합성(1), 지원 동기(1), 학업능력(1)
합계(86)	인성(9), 전공 역량(35), 전공 적합성(23), 지원 동기(7), 학업능력(4), 학업태도(8)

〈출처 : 서울대학교 2017 학생부 기반 면접 및 구술고사 연구, 2018〉

4) 독서로 가늠하는 전공 적합성

전공 적합성이란 '전공에 적합한 개인의 역량, 자질, 적성, 관심, 태도 등의 총합'을 말한다. 학생이 해당 대학 학과에 입학한 후 학업을 잘 진행할 수 있는 인재라는 뜻이다. 예를 들어 수학과 진학을 원한다면 수학 문제 푸는 것을 유독 좋아하고 능해야 할 것이다. 영문과에 진학하고 싶은 학생이라면 어떨까? 당연히 영어에 소질이 있고, 윌리엄 셰익스피어의 《햄릿》과 같은 영국 문학에 관심이 많아야 할 것이다. 즉, 자신이 해당 전공에 잘 맞는다는 사실을 서류와 면접을 통해 증명해야 하는 것이 전공 적합성이다.

이러한 전공 적합성은 수학과나 영어영문학과처럼 대학의 전공과목과 고등학교의 선택과목이 일치할 때 해당 과목의 성취도로 증명할 수 있다. 그렇다면 건축학과나 심리학과의 경우라면 어떨까? 이런 과목들은 어떤 특정과목의 성취도로 해당 전공의 적합성을 평가할 수 있을까? 경영학도를 희망하는 학생이 대기업에서 인턴을 경험하거나, 의예과를 희망하는 학생이 병원에서 진료과정에 참여한다면 좋겠지만, 금수저 전형 논란이 큰 까닭에 학생부나 자소서에 대외활동에 대한 언급이나 기록이 불가능한 것이 현실이다. 그렇다면 방법이 없을까?

학생 개개인의 전공 적합성을 표현할 수 있는 거의 유일한 방법은 독서활동이다. 그런데 2023학년도 대입까지 독서활동에는 도서 이름과 저자만 기록하도록 바뀌었다. 2024학년도 대입에는 기재 가능하지만, 대입 미반영으로 바뀌었다. 그러면 어떻게 해야 할까? 독서활동은 독서활동란에만 적을 수 있다는 고정관념에서 벗어나면 된다.

학종 전공 적합성 = 독서활동

자연스럽게 독서를 기록할 수 있는 부분은 수행평가다. 다양한 과목별 독서를 통해 검색 엔진에서 구하지 못한 자료를 찾아 과제에 반영하면 높은 점수를 받을 수 있다. 이 같은 독서내용은 세부특기(세특) 사항에 관련 교과 활동으로 기록할 수도 있다. 독서를 바탕으로 한 수행평가는 내신 향상에도 도움이 되고, 학생부종합전형의 핵심인 전공 적합성, 발전 가능성, 잠재력 등을 종합적으로 기르고 기록하는 기회가 된다.

학생부종합전형에 응시할 때 제출하는 '나의 학교생활 증명서', 학생부에 진정성이 담기려면 중학교 시기부터 독서 기초체력을 다져야 한다. 많은 책을 읽고 난 후 쌓인 깊고 넓은 지식은 학교에서 이뤄지는 교과 공부, 수행평가, 서술평가 등에서 좋은 점수를 받도록 도와준다. 이 책에서 제시하는 과정 중심 독서기록(1페이지 독서 포트폴리오)은 교과 단원별로 관련 주제에 대한 깊이 있는 공부를 도움으로써 큰 효과를 기대할 수 있다. 지속적인 과정 중심 독서가 습관이 되고, 교과 연계를 넘어 학생 스스로 탐구할 수 있는 역량이 갖춰진다면 자연스럽게 소논문까지 작성할 수 있는 수준에 이를 것이다. 이는 입시를 대비하는 측면뿐만 아니라, 인문 독서력 향상과 독서를 통한 창의적 문제해결 능력도 갖추도록 해준다. 이와 같은 것들이 미래 인재가 반드시 갖춰야 할 역량이다.

그렇다면 학생들은 어떤 책을 읽어야 할까? 추천도서 외에도 서점이나 도서관을 방문해 자신이 읽을 책을 직접 골라보자. 우선 학교생활과 연관된 문학, 역사, 철학 등을 아우르는 인문도서와 자신의 희망전공을 탐구하는 전공도서를 균형 있게 선택하자. 그런 다음 과정 중심 독서를 통해 책의 내용을 내 것으로 만들어야 한다. 즉 개인별 독서 로드맵을 작성한 후 과정 중심 독서법으로 인지능력, 비판적 사고력, 문제해결 능력을 길러보자. 독서토론을 통해 커뮤니케이션과 협업능력까지 겸비한다면 금상첨화다. 이런 요령을 터득하는 데 이 책의 다양한 사례가 도움이 될 것이다.

교과 연계 + 탐구 + 소논문(각종 보고서, 글쓰기 과제)＝
실력 입증(학업역량 증명)

1페이지 독서기록

과정	질문(과정별 한 가지 선택)	쓰고 싶은 질문을 뽑은 후, 답을 쓰고 연결하며 독서기록 완성
읽기 전 과정	책을 고른 이유와 경로	➡
	다른 책과 연결해서 읽은 부분이 있다면?	
	읽기 전 궁금했던 점은?	
읽기 과정	인상 깊었던 부분의 글귀 옮겨 쓰기	➡
	인상 깊었던 부분에 대한 느낌이나 이유?	➡
	다른 책과 연결해서 읽은 부분에 대한 생각	
	작가에 대해 알게 된 점은 무엇인가?	
	작가에 대해 궁금한 점은 무엇인가?	
읽기 후 과정	읽은 후 궁금한 점은 무엇인가?	➡
	구체적으로 변한 생각, 발전, 변화된 행동은 무엇인가?	
	읽은 책과 연결해서 공부한 내용은?	
	변하고 싶은 것	
	앞으로의 계획	

독서가 바로
공부다!

모든 학습과 창의성은
독서로 통한다

김경범, 서울대학교 서어서문학과 교수

"지식의 깊이는 지식의 질과 밀접하게 연결된다. 지식의 질이란 학생 스스로 학습한 경험이며, 지식의 깊이를 갖추기 위해서는 학생 스스로의 노력이 반드시 수반돼야 한다. 현재 학교에서 학생들이 스스로 지식을 쌓을 수 있는 부분은 주로 독서와 탐구생활이다. 그러나 학생의 독서가 학교에서 제시한 책만 읽고 독후감을 쓰는 방식이라면, 이는 '자기주도적 학습 - 창의성'의 지표로서 학생이 가진 지식의 질과 맞지 않는다. 독서란 읽고 싶은 책을 읽는 것이다. 읽고 싶은 것이 있으려면 궁금한 것, 즉 호기심이 있어야 한다. 호기심 대신 내가 지금 무엇을 알아야 할 필요가 있는지 깨달아야 한다. 이렇게 강한 동기에서 시작해서 체계화된 지식은 창의성과 밀접한 관계를 갖는다."

출처 : 김경범, '교육부에 바란다, 미래사회의 바람직한 대입제도 제언',
서울진학지도협의회 특강, 2017

01 공부를 위한 독서, 어떤 책이 좋을까?

입시만을 위한 공부, 교과서만으로 하는 공부는 깊이와 통섭(通涉)이 없다. 지식의 통섭, 즉 자신이 가진 모든 지식을 융합해서 조화를 이끌어내야 진정한 지식이다. 이런 지식을 갖추려면 어떤 사건이든 현상이나 이야기의 배경 지식과 관련 있는 책들을 찾아 꾸준히 읽고, 지식의 융합을 경험해야 한다. 학교에서 배우는 학문과 자신의 일상을 연계할 때 비로소 통합적 사고가 가능해진다. 또한 한 분야에 치우친 독서는 융합과 통섭을 위한 독서가 될 수 없다. 과학을 좋아한다고 과학 관련 책만 읽는 것은 균형 있는 사고의 융합을 방해한다. 다양한 분야의 도서목록을 만들어 읽는 기간을 결정한 후 독서해야 한다. 다시 말해 독서에도 계획과 전략, 로드맵이 필요하다.

초등학생 시절의 독서는 특정 분야의 추천도서만 읽기보다는 다양한 시야를 가질 수 있도록 도서목록의 폭을 넓힐 필요가 있다. 중학교에 들어간 후에도 당연히 폭넓은 독서가 중요하다. 하지만 아무래도 공부에 집중해야 할 시간이 늘면서 독서에 집중하기 어려운 현실과 마주한다. 다양한 독서는커녕 자신의 진로나 관심사에 적합한 책을 찾기에도 시간 여유가 부족하다. 이를 보조해주는 요소가 '추천도서'나 '필독도서' 목록이다.

그런데 학생부 독서활동 상황이 추천도서 목록으로만 가득 차 있다면 '자주성이 부족한 독서'라는 평가를 받게 된다. 시간을 내기 어렵더라도 자신이 좋아하는 분야의 도서를 틈틈이 찾고, 책 읽는 노력을 게을리해서는 안 된다. 고등학생의 경우라면 자신의 진로나 전공 적합성을 나타낼 수 있는 첫 번째 요소가 독서인만큼, 자신이 희망하는 전공과 연관 있는 독서(진로독서)를 하는 것이 중요하다. 이때 교과 연계도서와 희망전공·진로 관련 독서, 그리고 해당 연령별 추천도서를 균형 있게 선택하는 전략이 필요하다. 여기서 한 가지 주의할 점이 있다. 욕심이 너무 앞서 자신의 실력보다 어려운 책을 고집할 필요는 없다는 점이다. 스스로 이해하지 못하는 독서는 오히려 면접관이 볼 때 감점 요인이라고 평가할 가능성이 높다.

교과 세특 독서(10권)＋진로독서(3권)＋추천독서(7권)
＝균형 있는 독서(1년 20권 권장)

02 고등 독서는 전략적으로 접근하라

다시 강조하지만, 학교생활기록부에 기재되는 학생의 독서기록내용은 매우 중요하다. 고등학교 3년 재학기간 동안 학생의 관심 분야가 무엇이고, 어느 정도의 깊이와 이해의 폭을 가지고 꾸준히 독서해왔는지를 한눈에 알아볼 수 있기 때문이다. 한마디로 자신이 지원한 전공 분야에 대한 관심이 고스란히 책을 읽은 항목에 기록되는 만큼, 학생의 독서패턴과 관심의 흐름을 단번에 파악할 수 있는 평가자료가 된다. 그러나 대부분의 학생들은 권장도서를 읽어내기에도 바쁘고 시간에 쫓긴다. 학생부에 소개된 책들도 제대로 소화하지 못한 채 자기소개서를 작성해야 할 시기에 급히 책을 읽는다든지, 면접기간에 전공학과 도서 몇 권을 끼워 맞추기에 급급한 실정이다. 그렇다면 고등학교 재학기간 동안의 독서 포트폴리오는 어떻게 계획해야 할까? 구체적인 내용은 다음의 표를 참고하기 바란다.

고등학교 3년간 독서 포트폴리오

학년	독서 로드맵
1학년	상대적으로 시간적인 여유가 있으므로 다독을 권한다. 자신이 어떤 학과에 진학할지 결정하지 않았다면, 일반교양도서와 전공진로도서의 비율을 7:3 정도로 유지해서 다양한 지식 영역을 경험하고 섭렵하는 것이 좋다. 만약 특목고 학생이라서 진로희망이 뚜렷하다면 일반교양도서와 전공진로도서를 5:5 정도로 비율로 나눠 읽는 것이 바람직하다.
2학년	이 시기에는 희망진로가 구체화되기 시작한다. 일반교양도서와 전공진로도서의 비율을 5:5로 유지하고, 전공 관련 서적은 본인의 관심 분야에 한정해서 집중적으로 읽어가는 것이 효과적이다.
3학년	고등학교 3학년 시기는 절대적으로 시간이 부족하므로 희망진로, 전공 분야, 희망대학 학과와 관련된 몇 권의 서적을 집중적으로 탐독하는 것이 좋다. 일반교양도서와 전공진로도서의 비율은 4:6으로 읽는다. 앞서 말한 것처럼 이해가 되지 않는 책을 읽었다고 학생부나 자소서에 기록하는 건 금물이다. 심층면접 답변에서 어려움을 겪을 수도 있으니 분명히 이해할 수 있는 수준의 책을 깊이 있게 읽고, 잘 모르는 부분은 포털사이트를 방문해서 신문 서평을 자주 보고 글의 구조를 분석하는 것이 좋다. TED, 유튜브 동영상을 활용하면서 해당 독서와 관계되는 개념을 명확히 파악하는 것이 무엇보다 중요하다.

일반교양도서 : 전공진로도서 비율 → 고1(7:3) ▶ 고2(5:5) ▶ 고3(4:6)

03 어릴 때의 독서 포트폴리오가 입시결과를 가른다

고대 로마의 정치가인 키케로(Cicero)는 "책 없는 방은 영혼 없는 육체와도 같다(A room without books is like a body without a soul)"라고 했다. 독서의 중요성을 강조한 위인들의 명언을 검색해보면 하루에 다 읽지 못할 만큼 차고 넘친다. 동서고금을 떠나 독서가 큰 힘을 발휘한다는 사실을 누구나 인정한다. 우리가 이 책에서 강조하는 내용도 바로 독서다. 제대로 된 독서, 전략적인 독서만으로도 원하는 대학에 진학할 수 있다는 사실을 믿기 바란다. 이처럼 위대한 독서습관은 어릴 때부터 꾸준히 길러야 한다. 이런 사실을 간과한 채 학교 공부만 강조하는 학부모라면 지금 당장 생각을 바꿔야 한다.

오랫동안 독서 코칭 활동을 하며 느낀 점은 초등학교 시절부터 꾸준히 차근차근 독서력을 쌓아온 학생들의 경우, 어려운 입시나 면접에 잘 대응하고 좋은 결과를 얻는다는 것이다. 올바른 독서는 인지능력을 길러준다. 인지능력을 갖춘 아이들은 공부만 잘하는 아이와는 달리 문제해결이 필요한 상황과 마주했을 때 자연스럽게 해결방법을 만들어낼 줄 안다. 어렸을 때부터 책을 읽어 직간접적으로 머리와 몸에 체화된 지식들이 삶에서 발현되는 것이다. 책의 내용을 간추려 요약하고, 재구성하는 능력이 곧 인지능력과 역량이다. 이런 역량을 강화해가려는 목표가 교육현장에 도입돼야 한다고 생각한다. 입시를 보조하는 수단으로서의 독서활동이 아닌 공부의 본질, 기본으로서의 독서활동이라는 인식을 가져야 할 것이다.

즉, 초등학생 고학년, 중등 시기의 독서법과 고등학생 시절의 독서법은 다르지 않다는 것이다. 특목고의 자기주도학습전형이나 학생부종합전형 준비를 위한 독서법이 따로 있는 것이 아니다. 초등학생 시기와 중학생 때부터 쌓아온 독서 포트폴리오가 그대로 고입과 대입을 위한 독서 포트폴리오가 된다는 점을 명심하라. 무엇보다 지속적인 독서습관과 진정성 있는 독서활동의 근거를 마련해두는 것이 중요하다. 독서습관을 갖추지 못했더라도 실망은 하지 말자. 중학교 3학년, 고등학교 1학년도 늦지 않았다. 물론 그보다 이상인 학년이라도 포기할 일이 아니다.

독서를 바탕으로 인지능력을 기르는 것을 오늘이라도 시작하자. 가장 만들기 힘든 독서의 지속성을 갖추려면 매일 조금씩 읽기 계획을 세우고, 실천하는 훈련이 필요하다. 누적의 힘을 쌓아가야 한다. 독서가 바탕이 된 학생이라면 자신의 진로를 고민하는 일뿐 아니라, 교과목에 깊이를 더하는 과정에서 서로 다른 과목들을 하나의 사고의 틀 안에 융합할 줄 안다. 이런 시도들은 인식의 확장을 유도하는 경험을 갖도록 해줄 것이다. 새로운 문제와 마주했을 때, 가장 먼저 책부터 찾아가며 문제를 해결하려는 모습이 나타날 것이다. 공부 역량을 기르겠다고 마음먹었다면 '독서습관'을 의식적으로라도 만들어가야 한다. 독서습관을 들이기 위한 읽기 시간을 따로 정해둬야 한다.

중등 독서 포트폴리오 = 고등 독서 포트폴리오

04 독서 포트폴리오를 모든 학생부 기록에 녹여라

독서활동은 학생부의 모든 곳에 녹여낼 수 있다. 진로희망, 창의적 체험활동(자율활동, 동아리활동, 봉사활동(기록 삭제, 행특에 기록 연관성 있음), 진로활동), 세부 능력 및 특기사항(일반과목, 예체능, 개인별), 행동특성 및 종합의견에도 독서를 통한 깨우침이 드러나도록 연결하고 작성할 필요가 있다.

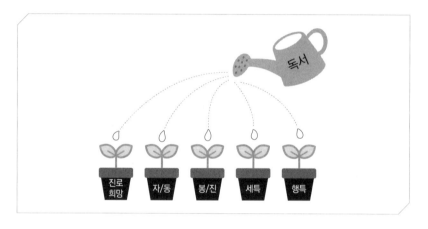

학생부종합전형에서 입학사정관이 가장 눈여겨보는 내용이 있다. 바로 학생이 독서활동을 통해 자신의 진로 진학 결정과정에 얼마나 고민했고, 이를 다양한 활동을 통해 얼마나 발전시켰는지의 여부다. 독서는 텍스트를 읽기만 하는 것에서 그치지 않고, 지적 호기심과 관심사를 채우고, 동아리 토론 대회나 봉사활동으로까지 이어져야 하며, 심화독서 또는 수업 중의 수행평가 및 발표에도 드러나야 한다. 이런 학생이라면 사고의 확장성과 지적 호기심이 높다는 평가를 받는다. 또한 독서활동이 심화활동인 과목별 보고서나 연구소논문(학업역량이므로 학생부에 기재를 못해도 쓰기를 권장)으로까지 이어진다면 탐구능력 부분에서 최우수 평가를 받게 된다.

따라서 교과와 연계한 독서로 학습 역량을 확실하게 키우는 전략이 필요하다. 교과와 연계된 독서를 통해 관련 수업내용을 이해하고 사고한 후 탐구하는 과정으로까지 이어져야 차별화된 역량을 어필할 수 있다. 또한 이를 학생부에 기록함으로써 증명할 수 있다. 학생부 곳곳에 독서기록이 등재되려면, 평소 이의 기초자료가 되는 독서 포트폴리오를 성실하게 작성함으로써 학생부 작성 시기에 제출해서 그동안 노력한 성과를 인정받도록 해야 한다.

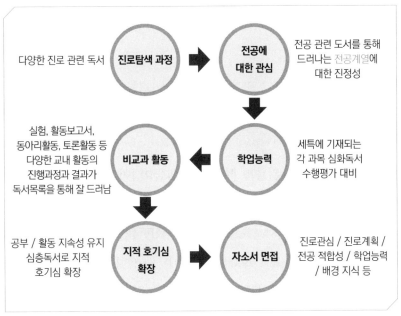

독서를 통한 사고의 확장

05 과정 중심 독서로 역량 기르기, 사고하며 읽는 독서법

1) 독서과정과 독서 이후의 과정을 기록하라

초등학생 시절부터 고등학교 시기까지 12년간 독서의 중요성에 대해 강조해왔음에도 독서에 자신 있다고 말하는 학생은 드물다. 독서에는 특별한 공식이 있을까? 다독이 좋을까? 아니다. 독서역량이 길러지지 않은 학생에게 무조건 많이 읽으라고 하는 것은 도움이 안 된다. 오히려 학생들은 그런 말을 들을 때마다 막막하다는 생각만 할 것이다. 독서에도 과학이 있다. 비판적 사고력과 토론능력을 키우려면 책을 읽는 방법이 중요하다. 여기서는 학생들이 학부모 또는 교사와 함께 상호작용을 통해 독서력을 키울 수 있는 과정 중심 질문 독서법을 소개한다.

'사고하며 읽기 독서법'은 질문에 대한 답변을 하면서 사고를 꾸준히 자극하는 독서 코칭 모형이다. 학생과 교사가 함께하는 모형이지만, 학생 스스로 질문하며 읽기가 기본 모형이기 때문에 스스로 자기주도적인 독서가 가능해진다. 책을 읽기 전, 읽기, 읽은 후, 이렇게 3단계 독서활동에서 질문에 스스로 답하면서 기록하는 것이 요령이다.

2) 간단한 실행, 과정 중심 사고력 독서훈련

피어슨(Pearson)이 개발한 DRTA(Directed Reading Thinking Activity) 독서법은 사고의 활성화를 유도하는 역동적인 독서방법이다. 이 방법은 학생이 글을 읽을 때 예측을 하고, 자신의 예측이 맞는지 확인하면서 읽은 것을 자신의 관점에서 해석해보는 것이다. 과정 중심 읽기는 읽으며 질문하는 각 과정에서 필요한 기능이나 전략을 가르쳐준다. 과정 중심 접근에서는 글을 다 읽은 후에 학생들이 얻게 된 것도 고려하지만, 글을 읽는 과정에서 어떤 생각, 어떤 행위를 했는지에 관심을 가진다. 이는 배경 경험을 더 증폭시켜 다른 공부로 연결해주고 심화탐구의 동기가 된다.

생각하며 책을 읽고 스스로 질문하며 읽는 것은 초등학교부터 고등학교 전 학년 모든 나이대의 학생을 대상으로 인지력을 길러줄 수 있는 읽기법이다. 이 책에서는 과정 중심 읽기의 핵심을 바탕으로 고등학교 책 읽기에서 직접 도움을 줄 수 있는 '1페이지 기록법'을 제시한다. 단순히 줄거리를 정리하는 게 아닌 읽기 전(동기부여, 경험과 기존지식 환기), 읽기 과정에서의 자기주도적 사고(생각) 활성화, 읽은 후의 영향과 자신의 발전 결과를 1페이지에 기록하는 것이다. 구체적인 질문 모형을 살펴보자.

과정 중심 독서 코칭-사고하며 읽기 독서법 질문 모형 [2]

1단계 읽기 전 과정	**[배경 지식을 활성화하는 스키마 활성화 및 보강 단계]** 1. 책과 관련된 경험 적기-관련 주제 브레인스토밍 2. 학생들이 가지고 있는 경험 나누기-사고력 자극 3. 독서 전 학생들이 질문할 중요한 지점 몇 곳을 미리 설정	5~10분
2단계 읽기 과정	**[글을 읽는 과정에서 독자 중심의 '사고 활동'을 강조]** 추론을 뒷받침하는 실마리를 찾도록 돕는 것이 포인트 1. 글을 읽다가 잠시 멈추고, 어떤 일이 일어날지 예측한다. 2. 자신의 답에 대해 그렇게 생각한 근거를 기록한다. 3. 좀 더 글을 읽은 뒤에는 예측이 맞았는지 학생이 직접 확인하고 평가해보게 한다. **[독자 중심의 '사고활동'을 강조하는 읽기 방법]** 1. 질문하기/단순질문/독서코치 유도질문/부모 자녀 상호질문 2. 연상하기/자유 연상하기/연상 단어 말하기/연상 이유 말하기 3. 예측하기/경험에 의한 예견/어휘 확인/작가가 준 단서로 예측/예측 근거 찾기 4. 추론하기/적극적 사고활동/언어의 모호한 표현 부분은 재차 질문해서 정확한 답변을 유도, 호기심 해결	10~30분
3단계 읽은 후 과정	**[독서에서 느낀 것들을 자신의 경험과 연관시켜 토의 및 토론 후, 글로 구성해 풀어내는 다양한 활동 진행]** 1. 읽은 책의 내용과 동일시된 부분 경험 : 사실과 의견으로 나눠 글쓰기 2. 인과관계의 글쓰기 3. 스토리보드 구성 줄거리 요약(개요에 따라 요약) 4. 글의 종류에 맞는 글쓰기	자유

〈학생 스스로 활용, 학생 독서 모임 교사 또는 학부모 활용 가능〉

---

2. 한철우, 《과정 중심 독서지도》, 교학사, 2001, pp.373~439 참조.

3) 과정 중심 독서, 1페이지로 과정을 기록하라

　읽기 전 과정에서 유념해야 할 것은 목적을 설정하는 것과 배경 경험을 활성화하는 것이다. 독서의 이유와 처한 상황이 다르면 책을 읽는 목적은 다를 수밖에 없다. 글의 종류와 읽는 시간에 따라 스스로 독서의 목적을 설정해야 이를 달성할 가능성이 높다. 글을 읽으면서 글을 이해할 때에 필요한 것은 배경 지식이다. 글을 이해하는 과정이 기존에 가지고 있던 지식과 새로운 지식을 융합하는 과정인 만큼, 이미 가지고 있는 경험을 떠올리는 것이 중요하다. 다른 책과 연결되는 부분을 적을 수도 있고, 가지고 있던 의문을 정리하는 것도 좋다. 그 외에도 책을 선택한 동기와 경로를 함께 적으면 흐름이 자연스럽고 기록이 쉽다.

　인지력을 기르기 위한 과정 중심 독서지도법에서는 교사나 학부모, 독서 멘토가 꾸준히 질문하면서 학생들이 추론하고 내용을 깊게 파악할 수 있도록 돕는다. 고등학생은 책을 읽으며 질문할 환경을 갖추기 어렵고, 시간도 부족한 만큼 스스로 인상 깊은 글귀와 그에 대한 이유를 메모하며 책을 이해해야 한다. 기억에 남는 부분뿐만 아니라 궁금한 부분, 기존에 알고 있던 내용과 연결 지으며 깨달음이 있는 부분이 있다면 놓치지 않고 메모하는 것이 포인트다. 메모를 바탕으로 나중에도 책의 내용을 생생하게 기록할 수 있다. 책 읽기 후 과정에서는 결론적인 궁금증, 스스로 얻은 깨달음, 느낌 등을 적는다. 앞으로의 계획을 적고 실천하면 독서활동이 새로운 역량을 키워준 활동으로 연결되고 녹아들게 마련이다.

　1페이지로 기록하는 과정 중심의 기록은 학생부에서도 적절하게 활용될 수 있다. 독서기록은 하나의 사실 자료가 돼 활동과정의 성실함을 뒷받침해주는 근거자료가 된다. 따라서 학생부종합전형에서도 큰 힘을 발휘한다. 학생들은 다양한 활동에서 꾸준히 독서기록을 남기는 일이 중요한데, 독서기록장의 일원화 등 스스로 체계를 갖추지 않으면 실천하기가 쉽지 않다. 하나의 양식으로 통일해서 꾸준히, 지속적으로 기록하기를 권장한다.

 기록 포인트

1페이지 기록 독서 포트폴리오, 무엇이 좋은가?

- 한눈에 기록정보를 확인하고 볼 수 있다.
- 간단하기 때문에 실천이 쉽고 자신감이 생긴다.
- 학교 독서기록 제출용 기초자료로 활용할 수 있다.
- 간단한 양식으로 습관을 만들 수 있다.
- 책을 읽은 후, 구체적으로 어떤 실천을 할지 적고 장기기억으로 인지하게 된다.
- 책을 통한 성장, 책과 관련한 에피소드를 1페이지에 집약적으로 기록해서 자료로 남길 수 있다.

06 독서로 문제해결
능력을 길러라

문제해결 독서란 무엇일까? 독서는 고민을 해결하는 시작점이 된다. 만약 지금 여러분이 해결하고 싶은 문제나 주제가 있다면 그런 것들과 관련된 3권의 책을 찾아서 읽어보라. '정말로 궁금증을 해결할 수 있을까?' 하는 의문이 생길 테지만, 한 권 읽고 또 한 권 읽어갈 때마다 해결의 실마리가 나타날 것이다.

깨달음을 얻은 문장에 밑줄을 치고, 궁금증과 연관이 있는 문장만을 발췌한 후 모아 기록해보면 신기하게 문제를 해결할 수 있는 방법이 보인다. 그리고 자연스럽게 궁금함이나 해결하고 싶은 문제가 해결되는 경험을 하게 될 것이다. 문장 기록 후 스스로 생각이 바뀌고 실천한 것을 형광펜으로 하나씩 칠해보자. 점점 형광펜으로 가득 메워지면서 고민하던 문제가 풀리고 있음을 체험할 것이다. 이렇게 하면 고민이 있어도 자신감이 생긴다. 고민을 해결한 방법도 기록해두고 시간이 지난 후 읽어보면 그때는 큰 경험이 아니라고 생각했던 고민 해결의 체험이 생생하게 다가오고, 다른 문제에 대해서도 용기를 갖게 된다.

외국에 살다가 온 한 남학생은 한국에서 중학교 시기를 보내며 내향적 성격을 고민했다. 그러다가 표현을 안 하는 본인의 성격을 고치기 위해 읽은 책에서 행동의 실마리를 찾아 기록하고, 하나씩 실행해서 고민을 해결한 사례가 있다.

책제목 '_____' 발췌문 쓰기

항목	내용(pp. ~)
글귀 그대로 베껴 쓰기	
글귀를 읽으며 발견한 점과 그냥 떠오르는 생각	
내가 변화한 점	

07   개인별·학년별
연간 독서 로드맵을 만들자

지금까지 교과 공부에 도움도 되고, 개인의 역량을 길러주며, 진로 계기를 만드는 데 중심역할을 하는 독서의 중요성을 강조했다. 독서의 중요성은 10번, 100번 강조해도 지나침이 없다. 여기서 정말로 중요한 점은 학생 스스로 읽는, 자발적인 독서다. 한 권이라도 차근차근 읽고 꼼꼼하게 기록하자.

어떤 일이든 계획을 세우는 단계에서 동기가 부여되기 마련인데 독서도 마찬가지다. 무작정 책을 펼쳐 읽지 말고, 목표(계획적인 독서가 되기 위한 독서량, 독서시간, 도서목록 설정 등)를 세워 읽자. 학년마다 연간 책 읽기 목표 로드맵을 짠 후 계획에 따라 차근차근 매년 20권 정도 읽기를 권한다. 분야별로 균형 있는 독서 로드맵을 짜고 책을 읽으면 편독을 방지할 수 있다. 목록을 정했다면 이제 읽고 기록만 하면 된다.

학생이 읽을 책을 결정하는 데 가장 많은 영향을 받는 사항은 자신의 관심사와 진로, 그리고 교과목과의 관련성이다. 자발적으로 마음에 생긴 호기심을 바탕으로 읽고 싶은 책을 읽어야 지속 가능한 독서가 되고, 로드맵 또한 쉽게 짤 수 있다. 사고력을 키우고 독서를 통해 여러 가지 긍정적인 영향을 받으려면 스스로 독서해야 한다. 과거 5~6세 무렵에 재미있게 읽은 책이나 자기가 주로 하던 놀이를 떠올려 보면 자신의 흥미와 호기심, 관심사와 연결된 공통점을 발견할 수 있다. 자신의 관심이 어디에 있는지 생각해보고, 이 책의 55쪽에서 제시하는 계획표를 참고해서 나만의 도서목록을 짜보자. 이 책을 만난 지금 바로 실천해보자.

1년간 한눈에 보이는 연간 독서계획을 세우고 독서목록대로 그대로 그것을 지킨다면 무엇을 어떻게 읽어야 할지 모르는 막막한 시간을 보내지 않아도 된다. 학생들이 바라던 일일 것이다. 족집게처럼 누군가가 나에게 맞는 독서 수준별, 교과별 책을 처방해주면 정말 좋겠지만, 그렇게 하면 학생들은 또다시 로봇이 될 뿐이다. 누군가 책을 골라준다는 것과 학생이 직접 책을 선택하는 것의 차이는 분명히 존재한다. 학교와 지역 도서관 선생님의 추천도서 안내 조언을 얻는 것도 좋은 방법이다. 추천받은 책을 읽은 후 나만의 독서 리스트를 직접 만들어간다면 주도성이 함양될 것이다. 또한 담임교사에게 조언을 구하는 적극적인 자세도 필요하다.

문예창작학과에 입학한 학생의 사례를 함께 살펴보도록 하자. 고등학교 2학년 1학기 말 시기에 만난 학생이 문예창작학과, 극작과를 지원하고 싶어 했다. 그는 글쓰기를 좋아했지만 문예창작에 관한 전문적인 교육을 받지 못했다. 학생은 자신의 감정을 잘 표현하고, 학교 행사에 적극적으로 참여했으며, 모든 활동을 기록하는 데에는 어려움이 없었다. 그러나 여전히 글의 종류별 핵심 요약이나 정리하는 능력은 부족해 보였다. 그럼에도 본인은 글 쓰는 일을 좋아한다고 생각했다. 또한 극작과에 진학하려면 해당 전공에 대한 탐색이 필요한데, 상세한 학과 탐색이나 진로모색이 전혀 돼 있지 않았다. 그는 '극작과가 좋으니까 가고 싶다'라는 막연한 마음만 먹은, 여러 준비가 필요한 상황에 처해 있었다. 학생과의 면담이 2학년 1학기 말에 이뤄졌기에 그나마 다행이었다. 독서할 수 있는 시간을 확보할 수 있었으니 말이다. 전공에 대한 탐색을 위해서 극작가, 방송작가와 관련 있는 책들을 도서관까지 함께 가서 찾아 읽도록 권했다. (자료 탐색 찾는 능력계발, 실행하는 방법을 경험으로 익히기) 학생은 그렇게 도움을 받아 스스로 찾은 책들을 읽어야 할 도서목록으로 만들었다.

목록을 만들었으니 이제 읽어야 할 테지만, 워낙 느긋한 성격이었던 그 학생은 스스로 책을 찾았음에도 열심히 읽지는 않았다. 방학 때에는 학생과 거의 매주 만나 종로도서관, 서울도서관, 정독도서관, 광진도서관, 청운문학도서관 등을 자주 찾았다. 여러 곳의 도서관을 찾은 이유는 많은 책들을 보며 그에게 동기와 환경을 동시에 만들어주고 싶었기 때문이었다. 여러 도서관을 돌면서 그 학생이 스스로 서가에서 찾은 책들을 목록으로 정리한 후 바로 그 자리에서 읽도록 했다. 물론 책을 읽은 후에는 책 내용을 기록, 정리하는 시간을 그날 갖도록 했다. 정리한 후 2~3시간씩 학생 홀로 도서관에 남아서 책을 더 찾아 간추려 읽고, 추가로 기록하도록 했다.

그리고 학생에게 도움이 될 만한 조언도 잊지 않았다. 문예창작학과나 극작과에 진학하는 것이 희망이라면, "셰익스피어의 '4대 비극'에 대한 질문에 막힘없이 대답해야 한다", "기초적인 질문에 말문이 막힌다면, 정말로 문학을 좋아한다고 평가받을까? 다른 진로를 생각해봐야 하지 않을까?" 같은 학생에게 도움이 될 만한 조언도 잊지 않았다. 학생은 매번 도서관에서 읽은 책들을 기록했다. 그리고 자신이 책을 읽은 과정을 꼼꼼하게 기록했고, 학생부에 특별한 독서 중심이력 (진로활동, 행특, 국어과목 세특에 기록, 독서기록)을 남겼다.

학생 스스로 읽고 기록한 많은 양의 독서기록을 담임교사도 기특하게 생각했다. 학생은 이어서 인문학 강의(온·오프라인)를 듣고 기록했으며, 책을 읽은 후 서평 쓰기 및 칼럼 쓰기를 스스로 할 수 있을 만큼의 자신만의 독서기록 노하우를 몸에 익힐 수 있게 됐다. 그리고 학교 내의 모든 활동에 자진하거나 추천을 받아 스크립터로 활동하기도 했다. 1년 남짓 시간이 흘러 고3이 됐을 때, 그 학생은 문예창작학과에 지원해서 합격이라는 보상을 받았다.

사례 학생의 활동 내용

1. 학년별 독서목록을 함께 골라 읽고 기록(목표의식을 담은 권 수 : 100권).
2. EBS 논술특강과 논술에 도움이 되는 도서 100권 읽기를 찾아 시청하고 인문학적 소양을 기름.
3. 모든 교과 시간의 발표활동에 스크립터로 활동.
4. 학교 행사 시나리오 작업 참여 : 청소년예술제, 학교 홍보영상 방송대본 만들기, 학교 아침 뉴스 만들기 등.
5. 취미 : 일기 쓰기, Q&A 노트 쓰기, 꿈노트 기록, 시나리오 쓰기, 시 필사, 예능 보고 평가하기, 영화 감상, 자전거 타기, 배드민턴, 태권도, 노래 부르기 등.

개인의 목표 및 성과

학교의 공식뉴스(GBS)에서 그 학생이 쓴 대본을 교내 아나운서가 읽어주는 것이 목표였고, 그의 대본들 중 5가지가 뉴스에 사용된 것이 나름의 성과였다.

여러분도 다음의 표를 참고해 자신만의 도서목록을 만들어보자.

고등학교 1~3학년 도서목록 로드맵 계획표 사례

《《독서로 완성하는 학생부 실전 워크북》에 연간계획표 수록)

분야	답을 찾고 싶은 질문	관련 도서 리스트		읽음 체크	
				진행 중 ●	완료 ✓
정보	독서의 필요성과 독서 로드맵에 대한 이해	나만의 독서 포트폴리오 만들기			
진로	나의 진로목표를 뚜렷하게 만들어준 책	십대를 위한 직업백과			
	나에게 어떤 분야의 흥미를 불러일으켜준 책	세상을 바꾸는 천 개의 직업			
	내가 잘하는 것을 알게 해준 책 다양한 미래 직업 탐색	NEXT JOB 미래 직업 대예측			
	미래사회의 직업에는 어떤 것들이 있을까?	행복한 고집쟁이들			
전공 : 직업 가치관	내가 하고 싶고, 알고 싶은 분야에 대해 알게 해준 책 내가 가지고 싶은 직업은?	이 직업의 하루가 궁금해요			
		꿈 찾는 십대를 위한 직업 멘토			
		성적은 짧고 직업은 길다			
자기 성찰 가치관	자아존중감을 키워준 책 자기 성격을 이해하게 해준 책	나는 까칠하게 살기로 했다			
		성격 아는 만큼 자유로워진다			
잠재력	나의 강점 알게 해준 책	나도 솔직히 1등이 하고 싶다 1, 2			
		내 미친 잠재력			
실천력	나에게 실천의지와 자신감을 준 책	나를 찾습니다			
	책을 읽고 어떤 문제의 해결책을 떠오르게 해준 책	뭘 해도 괜찮아			
교과 연계	공부하는 데 교과의 단원과 연결해서 새로운 사실을 알게 해준 책	국어	두근두근 내 인생		
			말이 인격이다		
			말의 품격		

체크 포인트

학생부에 각종 탐구활동과 독서기록을 충실히 기록했다면 서류평가에 유리할 수밖에 없다.

- 학생부에 독서활동 제목과 저자만 기록하게 되면서 외형상 독서가 축소돼 보이지만, 세부능력 및 특기사항에 독서영역의 비중이 강화됐다.
- 상위권 대학의 동향을 보면 자기소개서 독서 연계 활동 기록, 독서 관련 심층면접 비중 강화 현상이 두드러지고 있다.
- 가벼운 독서로 때우지 말고 질 높은 독서로 승부하라.
- 학년마다 교과 연계 독서를 어떻게 풀어나갈지 계획하고, 로드맵에 따라 차근차근 실행에 옮긴 후 기록으로 남겨라.

서울대학교 입학본부에서 발간한 자료에 따르면, 서울대학교는 학생부의 각 항목에서 아래의 표와 같이 평가항목을 선정했다. 수상 경력부터 창의적 체험활동 상황, 독서활동 상황에 교과 활동, 교과 세부능력 및 특기사항을 긴밀하게 연결해서 학생의 학업역량을 종합적으로 평가한다. 학생부의 각 활동이 서로 연결되고 지속적으로 자기주도성, 협력 등의 모습을 보일 수 있도록 작성돼야 '학생 중심 학생부'라고 할 수 있다.

하나의 활동이 다른 활동의 시작이 되고, 기존 활동의 심화활동이 되기도 한다. 다양한 항목들을 서로 연결한 생활기록부를 작성하는 것이 포인트다.

평가내용	학교생활기록부 항목	세부내용
학업역량	교과 학습발달사항	학업성취도(정성평가) 교과 이수내용, 수준
	학업 관련 수상 경력	학업내용 및 성취수준
	세부능력 및 특기사항	교과 학습내용 및 지적 성장내용 방과후학교, 과제 연구 등 교과 학습내용
	창의적 체험활동 상황 • 자율활동 • 동아리활동 • 진로활동	과제연구, 독서, 탐구, 토론, 글쓰기 등 학업 관련 활동
	독서활동 상황	독서역량, 사고력

학생부의 모든 활동마다 독서로 연결고리를 만드는 일이 중요하다. 그림을 보면 한눈에 쉽게 파악하고, 이해할 수 있을 것이다.

〈독서는 연결고리〉

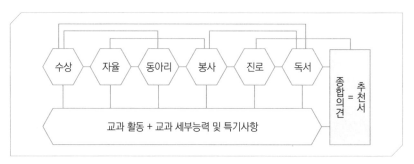

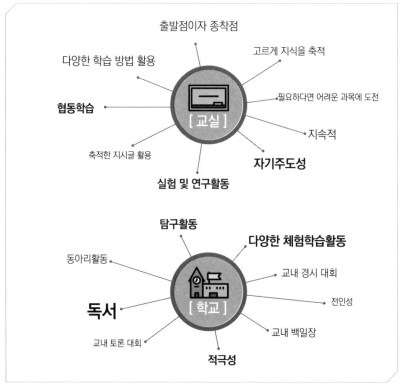

서울대학교 학생부종합전형 안내 자료 中

〈활동마다 독서로 연결고리 만들기〉

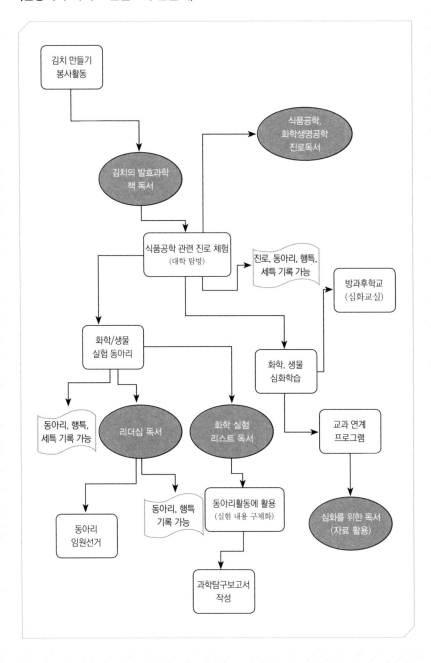

독서 기반
학생부 기록 사례

독서전략
실천이 답이다!

앞에서 소개한 내용들에서 독서의 중요성을 이미 강조했다. 더 중요한 것은 실천 방법이다. 이제부터가 실전이다. 앞으로 필자가 현장에서 실제로 만나 코칭해준 내용들을 하나씩 짚어보도록 하겠다. 여러 가지 내용들을 소개하고 있지만, 이들 내용을 하나로 관통하고, 강조하고 싶은 이야기는 여러분의 학생부와 독서 간의 연계성이다. 이 책의 하이라이트가 되는 부분인 만큼 소개하는 사례들을 유심히 읽은 후 자신의 것으로 만들자.

01 독서 기반
진로희망사유(진로활동에 기록 가능)

1) 진로선택, 변경, 심화과정을 독서로 구체화하라

학생부의 앞부분에는 진로희망을 적는 칸이 진로활동란으로 이동되었다. 그러나 진로희망은 매우 중요한 자기 정체성 탐색이라는 점에서 지속적인 탐구가 필요하다. 진로희망사항을 작성할 때에는 자신의 장래 직업 또는 희망과 꿈을 적고, 그 이유를 적어둔다. 이때 진로선택에 영향을 준 책, 미래와 진로에 대한 생각을 확장하기 위해 진로 분야의 책을 추가로 읽고 작성해야 진정성을 전달할 수 있다. 진로희망에서 무엇보다 중요한 것은 왜 그 진로를 희망하고 선택했는지 이유를 적는 것이다. 고민 끝에 선택한 진로희망이지만 중·고교 시기의 꿈은 변할 수 있다. 당연한 일이다.

따라서 꿈이 변한다고 해도 그 이유와 과정 및 다른 진로를 탐색하게 된 이야기를 진솔하게 적으면 된다. 이때 역시 독서가 큰 역할을 한다. 독서로 깨닫게 된 새로운 꿈에 대한 비전, 가치관, 선택의 이유를 기록함으로써 자신의 가치관이 변하게 된 동기와 이유를 드러낼 수 있다. 당연한 이야기지만 진로선택의 이유가 분명하고 구체적이어야 설득력이 높다. 이렇듯 독서는 진로를 바꾸는 동기가 되기에 충분한 도구가 된다. 독서를 통한 진로발견의 계기를 반드시 쓰자.

진로희망의 경우, 학년이 올라갈수록 비전과 가치관 중심에서 한발

더 나아가 구체적인 고민과 목표를 담는 것이 좋다. 진로에 대한 생각이 독서를 통해 구체화됐다면, 이를 어필해서 독서가 자신에게 긍정적·발전적인 영향을 주고 있음을 함께 보여주자. 진로와 관련해서 추상적으로 내용을 작성하면 평가자들은 학생 스스로 장래에 대한 열정이 없다고 판단할 수 있다. 진로희망과 연계된 자율활동 프로그램에 참여할 경우, 진로에 대한 관심이 높다는 근거자료가 될 것이다.

체크 포인트

학생부에 삭제된 항목인데 '진로희망사유' 어떻게 할까?

학생부에서 진로희망사유란이 삭제되었다. 그러나 진로희망은 중요영역 전공적합성 평가 중요 항목이다. 창의체험활동란에 진로활동 내용을 추가로 기록할 수 있으므로 기존 방식대로 개인이 기록해두기를 권한다. 지금까지 해온 진로희망에 대한 동기부여 기록은 자소서나 면접 시에도 필요하다. 기록이 빠지더라도 일관된 전공 선택의 과정은 나만의 노트에 기록으로 남아 있어야 한다. 학생부에서 진로탐색과정은 빠질 수 없는 항목이기 때문이다.

[사례 1] 진로희망사유 – 진로활동 첫 칸에 기록

Before			
학년	특기 또는 흥미	진로희망 학생	희망사유
1	여행서적 읽기 태권도	승무원	어릴 적 여행길에 비행기가 무서워 울던 나를 잘 달래줌으로써 편한 여행이 될 수 있도록 해준 승무원에게 감동을 받음. 특히 다른 승객에게 양해까지 구하면서 나를 위해 배려하는 모습이 인상적이었음.

평가	자연스러운 계기가 드러나지만 승무원이 되겠다는 결심까지의 과정이 잘 나타나지 않음. 승무원으로서의 목표도 드러나지 않음. '자연스러운 계기가 드러나지만 승무원이 되겠다는 결심까지의 과정과 승무원으로서의 목표가 나타나지 않으므로' 수정 필요.

After			
학년	특기 또는 흥미	진로희망 학생	희망사유
1	여행서적 읽기 태권도	승무원	어릴 적 여행길에 비행기가 무서워 울던 나를 잘 달래줌으로써 편한 여행이 될 수 있도록 해준 승무원에게 감동을 받음. 특히 다른 승객에게 양해까지 구하면서 나를 위해 배려하는 모습이 인상적이었음. 승무원이 하는 일에 대해 직업도감을 찾아보고 《플라이트 홀릭》을 읽게 됨. 책을 읽은 후 승무원의 시각과 입장에서 승객을 바라보게 되면서 본격적으로 승무원의 꿈을 키움. 이후 승객들의 안전과 즐거운 여행을 돕는 최고의 승무원이 되겠다는 다짐을 함.

코칭 포인트	경험과 진로를 결심하는 과정에 독서활동을 추가해서 진로희망을 구체화하는 자연스러운 연결고리를 만들었다. 특히 독서 후 승객을 관찰하는 등 일상 속에서 진로희망 목표가 연결된 부분에서 진정성이 느껴지고, 사회적 책임감도 드러나 있다. 1학년이기 때문에 고등학교 2~3학년 시기에는 더 깊이 있고 전문적인 진로 관련 독서로 한 걸음 더 진전된 결과를 보여주는 것이 포인트.

[사례 2]

학년	특기 또는 흥미	진로희망 학생	희망사유
3	책 읽기 상담하기	간호사, 병원 코디네이터	실제 임상에서의 경험을 다룬 《간호사가 말하는 간호사》를 읽으며, 간호사의 근무환경의 실상과 구체적인 역할을 배우게 됨. 또한 확고한 직업관을 정립함. 구체적인 환자 응대 방법을 이해하고, 병원 봉사를 하면서 실전을 관찰하는 데 도움을 받음.

02   독서 기반 자율활동(500자)

1) 학교 행사는 나의 활동무대, 생기를 불어넣자

창의적 체험활동(장체)은 자율활동, 동아리활동, 봉사활동, 진로활동 4개 영역별로 어떤 활동을 했고, 어떤 영향을 받았는지를 구체적으로 밝혀야 한다. 내용을 작성하면서 교과는 물론, 독서활동까지도 이어진다면 학업역량이 뛰어나다는 평가를 받는다.

자율활동 세부활동 내용 생활기록부 기재 범위	
적응활동	입학, 진급, 전학, 기본 생활습관 형성, 축하, 친목, 사제동행, 학습·건강·성격·교우 등의 상담활동 등
자치활동	학급회, 학생회 협의활동, 모의 의회, 토론회, 자치법정 등
행사활동	시업식, 입학식, 졸업식, 종업식, 전시회, 발표회, 학예회, 경연 대회, 학생건강체력평가, 체육 대회, 수련활동, 현장학습, 수학여행, 문화답사, 국토순례 등
창의적 특색활동	학생·학급·학년·학교·지역 특색활동, 학교전통수립계승활동 등

자율활동 행사는 어떤 방법으로 내용을 채워야 하는지를 살펴보자. 예를 들어, 의료 관련 학과에 진학을 원하는 학생들은 진로와 연관이 있는 심폐소생술 교육, 건강검진, 흡연·음주 예방교육 등에 적극적으로 참여해야 할 것이다.

또 다른 예로 삼일절 기념식 행사의 경우 사회, 정치, 문화에 관심이 큰 학생들은 다른 학생들과 달리 기념식과 자신의 진로를 연결해서 관련 책을 찾고, 자료검색을 통해 유의미한 학교 행사로 기록될 만한 결과를 만들어내기도 한다. 여러분의 학교에서 진행하는 여러 가지 활동 또는 행사를 눈여겨보면서 자신의 관심 분야와 접목시켜 '나만의 자율활동으로 만들어내라'는 의미다.

자사고나 특목고에 재학 중인 학생들의 자율활동 내용들은 일반고 학생들에 비해 다채로운 편이다. 가령 학술활동, 인문학 탐구활동, 인문학 아카데미, 지역문화탐방 조사연구 및 기록, 스포츠 예술활동, 팀 프로젝트 활동, 리더십 교육활동, 특별한 언어능력을 어필하는 외국어 관련 문화소통 행사 기록, 창의적 글쓰기 교내 1인 2기 발표회, 오케스트라 활동 등이 기록된 경우가 많다. 심지어 자연계 희망 학생인 경우 학생의 실험 연구 기록과 독서활동 기록까지 자율활동에 기록돼 있었다.

스승의 날 행사를 예로 들면 학교에서 그동안 해왔던 행사보다 의미 있고, 특색 있게 기획해서 새로운 이벤트로 재탄생시킨 사례들이 많다. 특별한 메시지 전달, 학생 상호 간 협력, 준비과정에서의 헌신 등을 자율활동에 녹여낼 수 있다. 학교에서 치르는 행사를 단순히 행사로만 여기지 말고, 아이디어를 불어넣어 생기 넘치는 행사로 탈바꿈시켜보자. 여기에는 적극적인 자세가 필요하다. 입시를 위해 급히 기획하고, 준비하는 활동은 진정성이 떨어진다. 적극적인 생각과 행동으로 각종 학교 행사에 생기를 불어넣을 방법을 고민해보자. 진정성이 들어간 행사를 치러낸 이후, 행사 중 자율활동에 포함시킬 만한 기록들을 남긴다면 생생하고 살아 있는 자율활동 내용으로 채울 수 있다. 긍정적이면서도 에너지가 넘치는 자율활동 모습을 창조해서 녹여내야 한다.

2) 책에서 얻은 정보를 자율활동에 활용하라

자율활동은 학년당 500자 이내로 작성할 수 있다. 학교 행사 외에도 리더십 교육, 체육 대회, 학급활동, 팀 프로젝트, 학급 프로젝트, 스포츠활동, 영역별 탐구활동 등 기록할 영역이 다양하다. 학교 행사는 많지만 기록할 글자 분량이 상대적으로 많지 않으므로 학교별 특색과 학생의 잠재적 역량이 돋보이도록 기록해야 경쟁력을 가질 수 있다. 이 중 하나의 요소로써 독서사항이 들어가면 자연스럽다. 활동에 참여한 동기를 책에서 찾을 수도 있고, 활동과정 중에 독서로부터 도움을 받을 수도 있다.

예를 들어, 팀 프로젝트에 독서를 접목하면 학교의 특색 있는 프로그램을 강조하면서도 탐구능력이 돋보이도록 만들 수 있다. 많은 학생들이 소논문을 작성할 경우 인터넷으로 백과사전을 검색하거나 각종 기사 및 통계 등을 찾아보게 된다. 참고문헌으로 적절한 책을 읽었다면 교과 수업에 단원별로 연결할 수 있으며, 참고문헌을 통해 소논문을 쓸 수 있다. 임원활동, 리더십활동에서는 활동지침이 된 독서기록을 통해 더 나은 리더십을 실천하려는 의지와 성장하는 과정을 엿볼 수 있다.

✎ 기록 포인트 ●

자율활동 기록, 이것만은 반드시 지켜라!

- 활동에 참여한 동기와 목적을 넣어라.
- 활동 속에서 드러난 자신의 역할을 자세히 풀어 써라.
- 그 결과물(소논문, 보고서, 감상문)을 남기고, 이를 함께 기록하라.
- 활동 후 스스로 달라진 점이 있다면 기록에 포함하라.
- 변화 후의 실천사례가 있다면 반드시 포함해서 기록하라.

Q&A

Q 자율활동에도 독서기록을 넣을 수 있나?

A 자율활동에서도 활동의 질을 높이기 위한 독서가 필요하다. 내가 이끌어가는 임원 조직이나 관계에 대한 문제, 문화답사, 현장체험, 학술활동, 학예회 등 학교의 모든 활동을 하는 데 필요한 정보를 독서로 연결해서 녹여내는 게 팁이다. 처음에는 관련 있는 정보를 찾는 데 시간이 걸릴 수 있다. 하지만 정보를 찾고 정리하는 능력은 하루아침에 이뤄지는 것이 아니다. 본문에서 계속 강조하는 독서 기반 활동은 자율활동에도 큰 도움이 된다. 결국 독서로 기초가 다져진 학생이라면 수준 높은 정보활용능력을 갖춘 학생이라고 볼 수 있다.

자율활동에 독서활동 녹여 기록하기

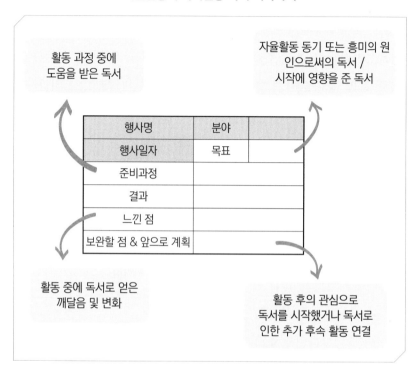

활동 과정 중에
도움을 받은 독서

자율활동 동기 또는 흥미의 원
인으로써의 독서 /
시작에 영향을 준 독서

행사명	분야	
행사일자	목표	
준비과정		
결과		
느낀 점		
보완할 점 & 앞으로 계획		

활동 중에 독서로 얻은
깨달음 및 변화

활동 후의 관심으로
독서를 시작했거나 독서로
인한 추가 후속 활동 연결

[사례 1]

학년	Before		
	창의적 체험활동 상황		
	영역	시간	특기사항
1	자율 활동		학생회 임원으로서 제주도 수학여행 프로그램 기획을 진행함. 장소 선정 및 프로그램 운영 등과 관련해서 자치활동을 통해 다른 임원들과 의견을 조율하며, 테마별로 체험활동을 계획하고 준비했음. 제주도 일대의 역사와 문화를 주제로 정해서 조별 탐사활동을 하고, 주제별 토의활동을 진행한 후 탐사보고서를 작성해서 발표하는 등 수학여행 체험활동에 적극 참여함.

평가	다양한 활동에 참여한 열의를 볼 수 있지만 학생 개인의 활동이 상세히 드러나지 않음. 학교의 전체 활동이 아닌 개인의 자율적인 활동이 구체적으로 드러나 있지 않음. 위와 같은 자율활동의 동기나 목적을 추가로 적고, 여러 가지 활동을 하면서 얻은 결과물이나 스스로 성장한 느낌 등을 적어야 하는데 이 부분이 누락됨.

학년	After		
	창의적 체험활동 상황		
	영역	시간	특기사항
1	자율 활동		학생회 임원으로서 제주도 수학여행 프로그램 기획을 위해 《이영돈 PD의 TV프로그램 기획 제작론》을 읽고 많은 부분 참고함. 대표적으로 프로그램 기획의 틀 짜기와 분야별 특징을 분석해봄. 책을 통해 익힌 지식을 바탕으로 장소 선정 및 프로그램 운영 등과 관련해서 자치활동 시 서로 의견을 조율하고, 테마별로 체험활동을 체계적으로 계획·준비함. 제주도 일대의 역사와 문화를 주제로 정해서 조별 탐사활동을 하면서 《오 마이 제주》를 참고함. 도서를 읽고 주제별 토의활동을 통해 탐사활동을 작성해서 발표하는 등 수학여행 체험활동에 탐구하는 열정을 기울이며 적극 참여했음.

코칭 포인트	활동 속에서 자신이 한 역할을 독서지식을 인용해 자세히 작성하도록 했다. 독서에서 배운 내용을 다음 활동에 활용, 실천하고 있었음이 드러나도록 했다. 결과적으로 활동을 할 때마다 독서를 통해 심화하려는 모습이 잘 드러났다. 독서로 다양하게 연결하는 생각의 구조가 필요하다. 자기주도성, 학업역량, 탐구심이 드러난다.

[독서 기반 학생부 자율활동 사례 모음]

학년	창의적 체험활동 상황		
	영역	시간	특기사항
1	자율 활동		학생회 복지부장으로서 화장실 악취로 인한 불편사항을 건의하고자 함. 이에 교장선생님과의 간담회 진행에 필요한 설문조사를 해 전교생의 의견을 취합해서 간담회 자료를 만듦. 이 자료를 바탕으로 교장선생님과의 간담회에서 학생들이 겪는 불편함을 건의하는 등 주도적으로 역할 함. 그 결과 화장실 교체 승인을 얻어내는 데 크게 기여함. 간호학 전공 희망을 가진 학생으로서 평소 흥미를 갖고 있던 《좋은 균 나쁜 균》을 자발적으로 찾아 읽는 등 청결과 위생에 대한 관심이 매우 컸음. 방역 상황에서도 학급에서 매일 급우들의 체온을 재고, 손소독 용액으로 손소독을 하는 등 봉사 아이디어와 실행력, 열의가 뛰어난 학생임. 체육 대회 기획진행 : 평소 《작사노트》라는 책을 보고 터득한 나만의 단어장 만들기, 오감을 활용한 여러 가지 표현 찾기를 생활화함으로써 나름 쌓아뒀던 실력을 바탕으로 10여 곡의 응원가를 직접 개사함. 그 결과 학교 체육 대회 응원전 행사에서 전교생의 호응을 이끌어내는 등 대학 응원전을 방불케 할 만큼의 기획력과 리더십을 갖췄음. 팀 프로젝트 : 조별로 교과서에 실린 연극인 〈결혼〉을 해석, 재구성해서 공연함. 《인간의 마음을 사로잡는 연출》을 따로 찾아 읽으며, 배역, 무대장치, 시간 안배, 대사 재구성 등 모든 분야를 조별로 준비함. 또한 그 무대에 남자 주인공으로 출연해서 열연을 펼침. 그 밖에 학생회 기획부장으로 청소년예술제와 학교연합 체육축제에서 대표 MC로 나서 축구경기 중계를 능숙하게 수행해 입담을 과시함.

신문 기사 작성 실습(○○○○.○○.○○.):《미디어 글쓰기》를 읽고 글쓰기 이론을 익히는 훈련을 함. 이러한 지식을 바탕으로 기성 방송과 신문 뉴스 기사를 검토하고, 실습함으로써 기사 작성 실습을 통해 기사 작성 능력을 높임. 또한《반성적 사고와 피드백》을 참고해서 다른 사람의 생각과 의견을 듣고, 반영적 피드백을 하며 비판적 사고를 길러옴.

꽃나리 토론. 대회: '9시 등교에 대한 찬성과 반대 토론'에서 필요한 입론서 작성을 위해 디비피아를 검색,〈학생들이 행복한 9시 등교〉라는 논문을 읽고, 9시 등교에 반대하는 이유를 일목요연하게 정리함. 반대하는 이유로는 생체리듬의 불균형이 가장 큰 문제라는 점을 지적하며, 생체리듬이 바뀔 시 위험에 대한 경고를 내세워 토론 대회에서 입론을 함. 이때《시간을 빼앗긴 사람들》이라는 책을 참고했음. 아울러 토론에 도움이 될 만한 각종 미디어 기사를 찾아 타당한 자료를 갖춘 후 토론 반론을 준비했고, 결과적으로 토론 대회에서 좋은 성과를 거둠.

수학여행(○○○○.○○.○○.):제주의 역사, 자연사, 지리생태 연구, 올레길 및 선사문화 탐방 등의 활동으로 유네스코가 세계 자연유산으로 선정한 제주의 가치를 새롭게 인식함. 또한 테마별로 학생들이 원하는 코스를 선택하도록 함으로써 주마간산식의 형식적인 탐방에서 벗어나 제주도의 문화와 생태를 몸으로 직접 체험하는 높은 수준의 탐방 기회를 만듦. 이때《제주도 지질여행》이란 책을 참고했고, 탐방 코스를 구성하고, 현장의 특징을 미리 파악해둠. 개인적으로는 용암동굴의 생태와 지질학적 역사에 큰 관심을 보임. 이를 바탕으로 자료집을 제작할 시《제주 화산섬과 용암동굴》을 참고함으로써 수준 높은 결과를 거둠. 2박 3일간의 체험활동 기간 동안 급우 간 친밀감이 더욱 돈독해짐.

국제이해 교육: 매주 1시간씩 다문화, 양성평등, 평화, 인권, 세계화 등 다양한 주제로 국제이해 교육을 실시함. 강의를 듣고《문화로 읽는 세계사》를 참고해서 세계 여러 나라의 이색적인 문화를 미리 알아보고 조별 토론을 벌여 문화의 상대성과 다양성을 이해, 수용하는 기회를 가짐. '선녀와 나무꾼 모의재판' 활동을 준비하기 위해 여러 종류의《선녀와 나무꾼》책을 읽고,《모의 국민참여재판》이라

는 책을 참고해서 재판 과정을 익힘. 모의재판 활동을 통해 동화를 재해석하고, 사람들의 인권과 권리를 침해하는 문제를 현행법의 관점에서 밝혀보고자 함. 또한 양성평등의 관점과 재판의 절차 및 방법에 대해 탐구하는 시간을 가짐. 영화 〈파워 오브 원(The Power of One)〉을 관람한 후 남아프리카공화국의 인종분리정책에 대해 알아보고, 《청소년을 위한 인권 에세이》를 읽음으로써 진정한 인권의 정의를 살펴봄. 게다가 인권에 관심을 가진 사람들이라면 한 번쯤 탐독해야 할 책, 《인권운동의 희망 마틴 루터 킹》을 읽고, 인권과 평등에 대한 감상문을 작성함.

《심플 인테리어》라는 책을 보고 불편함을 최소화하는 방법에 대해서 배움. 그런 지식을 바탕으로 1~2학년 학급들의 교탁 컴퓨터 연결선을 휴지심으로 정리해서 학급의 쾌적함을 높임. 이는 학생들뿐 아니라 컴퓨터를 사용하는 선생님들의 호응을 이끌어내기도 함. 활동과정에서 의견 충돌이라는 문제가 있었지만, 학생은 문제 발생 원인을 토론하고 연구하면서 해결방법을 찾아내는 등 문제해결 능력도 잘 보여줌.

3) 공통 행사 참여 기록에도 독서로 개성을 살려서 기록하자

학교에서 공통으로 써주는 공통 행사 참여 기록의 내용에도 변별력이 있어야 한다. 민감한 대학의 경우 여러 학생의 비슷한 기록은 감점의 원인이 된다. 학생 개인의 주도적인 활동이 드러나지 않는 내역은 삭제하는 게 나을 수도 있다. 그러므로 학생부에 기재된 공통 기록에도 관심을 갖고 공을 들여 학교활동의 특색을 살리고, 본인의 동기와 참여 과정 및 학교 행사에서 자신이 할 수 있는 중요 활동을 염두에 두고 임해야 한다. 해결책은 아래 사례와 같이 활동하면서 독서를 한 후 그 내용을 기록해서 접목하는 방법도 생각해보자.

학년	창의적 체험활동 상황		
	영역	시간	특기사항
1	자율 활동		사생 대회(○○○○.○○.○○)에 참여해서, 평소《풍경화 기법》이라는 책을 읽은 후 관심이 생긴 나무 그리는 법, 구름과 하늘 그리는 법 등을 활용함. 즉 자연 속에서의 그림 그리기를 통해 생각과 느낌을 그림으로 표현했는데 예술적 감성체험이 큰 도움이 됐음. 자기주도자율학습반에 소속(○○○○.○○.○○~○○.○○)돼《자기주도학습 만점 공부법》이라는 책에서 배운 '하루 30분 단위 공부 스케줄 계획하기' 학습법을 몸에 익힘. 강력한 학습주도권과 학습동기로 창의력을 함양하고, 자율적으로 문제해결력을 갖춘 인재가 되고자 노력함. 자신이 지원한 자기주도자율학습반에서도 이 같은 노력이 나타나 좋은 평가를 받음. 리더십 특강(주제-Creative Leadership) 내용:역사적인 세계 리더들의 특징과 현대사회에서 요구하는 리더의 특징에 대해 배우는 자리였음. 강의를 듣고《역사에서 리더를 만나다》라는 책을 읽고 참고해서 과거의 리더들에 대해 구체적으로 알아봄. 과거에도 현재와 마찬가지로 부드러운 리더십으로 사람들의 마음을 움직이는 것이 중요하다는 사실을 깨달음. 특강 이후 인물 탐구 수행평가에 자신이 배워야 할 점을 표로 작성해서 정리함.

03 독서 기반 동아리활동(500자)

동아리활동 세부활동 내용 생활기록부 기재 범위

학술활동	외국어회화, 과학탐구, 사회조사, 컴퓨터, 인터넷, 신문 활용, 발명, 다문화탐구 등
문화예술활동	문예, 창작, 회화, 조각, 서예, 전통예술, 현대예술, 성악, 기악, 뮤지컬, 오페라, 연극, 영화, 방송 등
스포츠활동	구기, 육상, 수영, 체조, 배드민턴, 인라인스케이트, 하이킹, 야영, 민속놀이, 씨름, 태권도, 택견, 무술 등
실습노작활동	요리, 수예, 꽃꽂이, 조경, 사육, 재배, 설계, 목공, 로봇 제작 등
청소년단체활동	스카우트연맹, 걸스카우트연맹, 청소년연맹, 청소년적십자, 우주소년단, 해양소년단 등
학교스포츠클럽활동	교육과정의 일환으로 편성된 학교스포츠활동과 정규교육과정 이외의 학교스포츠활동
또래조력활동	또래상담, 또래중재(조정)

1) 인상 깊은 동아리활동 기록에 독서를 덧씌우라

동아리활동에도 독서를 연결할 수 있다. 만약 독서 관련 동아리에 가입했다면, 스스로 계획한 독서를 한 후 이를 확장한 활동을 하고, 그에 대한 구체적인 과정을 작성하면 된다. 다른 성격의 동아리활동을 하더라도 동아리활동과 관련 있는 독서, 해당 동아리에서 역할을 잘 수행하기 위해 읽어본 자기계발 도서, 리더십 도서 등을 기록하면 동아리활동에서의 성실성뿐 아니라, 일상 속에서의 독서를 통한 학습 자세와 그로 인해 터득한 능력을 나타낼 수 있다.

나중에 자기소개서를 작성할 때에도 참고자료로 활용할 수 있다. 여러분이 일반고 학생인 경우라도 외국어 관련 동아리활동 가운데 문학 작품인 《맥베스》 원서를 읽고 책에 등장하는 인물과 연계해서 사회적 이슈를 읽어 내거나, 이를 영어로 표현한 연극활동을 해서 기록에 넣어 둔다면 특목고나 외고에 다니는 학생들처럼 영어/외국어 영역에 대한 학업역량을 특기로 나타낼 수 있다.

과학 동아리활동에서는 과학 관련 책을 읽거나, 탐구보고서를 작성하기 위한 참고자료를 독서와 연결해서 기록할 수 있다. 동아리에서 참여한 대회나 교외활동과도 연계가 가능한데, 프로젝트 기획이나 준비 과정에 그간 읽었던 책을 심화해서 녹여내는 과정을 기록해야 한다.

동아리활동에 독서활동 녹여내기

독서내용을 가입 동기나 활동 목표로 활용할 수 있다.

동아리명		분야	
동아리 가입 동기			
동아리에서 나의 역할	참여도+협력도+열성도		
동아리를 통해서 내가 추구하고자 하는 목표			
동아리활동 사항			
동아리 회원들과의 유대관계			
동아리활동을 통해서 얻고자 하는 결과물			

리더십 관련 자기계발 서적 또는 팀워크 관련 독서로 자신의 경험을 강화하고 결과물 작성에 독서 내용을 활용하기

내용 심화 위한 독서 자료 활용 위한 독서

독서를 활용하며 결과물이 심화되었다면!

[사례 1]

Before			
학년	창의적 체험활동 상황		
	영역	시간	특기사항
1	동아리 활동		목요일 이른 아침마다 방송부로 나가 교내 방송 멘트를 함. 방송부 친구들과 함께 특별방송 제작을 위한 토론 모임을 갖고 아이디어를 도출해냄. 사회통합위원회 UCC 대회에 참가해서 전국 10위 안에 선정되기도 함. 짧은 시간이었지만 완성도 높은 영상을 제작하려면 친구들과의 단결이 필수라는 사실을 깨닫는 기회가 됐음. 대한민국 청소년 UCC 대회를 통해 세상이 오답이라고 하는 것을 진실로 풀어나가는 진정한 언론의 역할을 하는 ○○○라는 주제로 방송반 동아리를 소개하는 영상을 제작. 함께 토론 및 촬영, 방송에 필요한 내레이션 녹음까지 진행하면서 협동심과 창의력을 키울 수 있었음.

평가	활동을 시작하게 된 구체적인 동기가 안 보인다. 또한 활동 목적도 드러나지 않았다.

After			
학년	창의적 체험활동 상황		
	영역	시간	특기사항
1	동아리 활동		평소 《통하는 대화법》을 읽으며 의사소통의 중요성과 말하기의 효율성에 대해 관심이 많았음. 이러한 관심을 바탕으로 학생들과 선생님의 다양한 이야기를 더욱 잘 전달하기 위해서 목요일 이른 아침마다 방송부로 나가 교내 방송 멘트를 함. 방송부 친구들과 함께 특별방송 제작을 위한 토론 모임을 갖고 아이디어를 도출해냄. 사회통합위원회 UCC 대회에 참가해서 전국 10위 안에 선정되기도 함. 짧은 시간이었지만 완성도 높은 영상을 제작하려면 친구들과의 단결이 필수라는 사실을 깨닫는 기회가 됐음. 대한민국 청소년 UCC 대회를 통해 세상이 오답이라고 하는 것을 진실로 풀어나가는 진정한 언론의 역할을 하는 ○○○라는 주제로 방송반 동아리를 소개하는 영상을 제작. 함께 토론 및 촬영, 방송에 필요한 내레이션 녹음까지 진행하면서 협동심과 창의력을 키울 수 있었음.

코칭 포인트	동아리활동을 하게 된 계기에서 책임감이 느껴진다. 이를 도입부에 서술함으로써 훨씬 자연스러운 내용으로 채워졌다. 독서를 통해 스스로 배운 것을 깨닫고, 동아리에서의 목표까지 함께 드러나도록 작성해서 진정성을 느낄 수 있다. 독서를 통해 느낀 점을 동아리활동으로 실천해가는 과정 부분이 자연스럽게 연결된다.

[사례 2]

Before			
학년	창의적 체험활동 상황		
	영역	시간	특기사항
1	동아리 활동		경제학 동아리를 창설함. 찬반을 나눠 독서토론을 진행했으며 입론과 반론을 위해 관련 책들을 꼼꼼히 읽음. 토론 후 서로에게 피드백을 해주며 더 나은 토론을 위해 노력함. 동아리활동 중 갈등이 생겼지만 문제해결을 했으며, 원활한 의사소통을 위해 노력함.

평가	구체적인 활동 내용이 빠져 있고 두루뭉술하게 서술돼 있다. 삶과 가치관의 변화가 드러나지만 앞의 내용이 구체적이지 못해 설득력이 부족하다.

After			
학년	창의적 체험활동 상황		
	영역	시간	특기사항
1	동아리 활동		경제학 동아리를 창설함. 동아리 창설을 위해서 미리 《학교 동아리》라는 책을 읽었는데, 책에서 소개하는 동아리 설립 과정, 방법, 운영 등의 정보를 동아리 창설에 접목함. 책에서 배운 여러 가지 지식들을 활용해서 효율적인 동아리 조직 배치를 했으며, 《청소년 부의 미래》, 《17살, 돈의 가치를 알아야 할 나이》 등을 읽고 독서토론을 진행함. 이때 찬반을 나눠 토론을 진행했으며, 입론과 반론을 위해 책을 꼼꼼히 읽음. 토론 후에는 서로에게 피드백을 해주며 더 나은 토론을 위해 노력함. 동아리활동 중 갈등이 생겼지만 이 문제를 해결하고자 《갈등관리》라는 책을 읽음. 의견이 대립했을 때 양보하면서도 주장을 내세워 협의점을 찾는 스킬을 배워 문제해결을 했음. 무엇보다 원활한 의사소통이 매우 중요하다는 점을 새삼 깨닫게 됨.

코칭 포인트	동아리를 창설하는 데 필요한 기초 정보들을 직접 알아보며 고민한 과정, 내용을 서술했다. 독서토론에서도 구체적으로 책의 이름을 서술해서 활동 내역을 보여주는 것이 좋다. 동아리 설립과 운영, 활동, 문제해결 부분까지 독서가 동아리활동 전체를 관통해 깊이 녹아들어 있음을 느낄 수 있다.

[독서 기반 학생부 동아리활동 기재 사례]

학년	창의적 체험활동 상황		
	영역	시간	특기사항
1	동아리 활동		방송부 아나운서로서 주당 1회씩 아침명상 생방송을 진행함. 생방송인 만큼 꼼꼼하고 착실한 준비로 진행에 차질이 없어야 한다는 의무감이 있었음. 우리 학교의 대표 아나운서라는 책임감이 생겨 《나도 아나운서가 될 수 있다》라는 책을 필독함. 아나운서의 업무, 준비 방법, 방송 잘하는 법 등을 익혀 교내 명상방송에 임했음. 또한 1인 2기 발표회 등에서는 사회자로 나서기도 했는데, 1부 사회를 맡게됨. 완벽한 행사 진행을 위해 미리 많은 준비작업을 했으며 유머와 격식을 두루 갖춘 진행으로 대표 진행자 역할을 훌륭하게 수행함. 드라마 클럽:발성, 춤, 연기를 계발활동 시간과 주말시간을 이용해 꾸준히 연습함. 〈RENT〉, 〈Today 4 U〉, 〈I'll cover you〉 등 16개 음악에 맞춰 춤 동작을 배우고, 대열의 정형화를 통해 공연을 준비함. 이 과정에서 《공연예술의 꽃, 뮤지컬 A to Z》 책이 큰 도움이 됨. 종합예술제에서 영어뮤지컬 〈RENT〉를 성공적으로 공연해 관객들의 큰 박수와 호응을 이끌어냄. 모의 뮤지컬을 발표해서 선배들의 조언을 얻음. 내년 작품으로 〈Grease〉를 선정해 수록곡들을 감상하며 미리 공연을 준비함. 평소 영어뮤지컬에 대한 관심이 많았는데, 준비과정과 실제 공연을 통해 협동심과 성취감을 얻음. 자율동아리활동:봉사 동아리 '○○○○'에서 주변 저소득층 초등학생을 대상으로 1:1 멘토링 프로그램을 실시함. 수학연구 동아리 '○○○○'에서 신입생 및 재학생의 수학 실력 향상에 도움이 되고자 《청소년이 꼭 읽어야 할 수학 상식 68》을 읽고 기본 수학 지식을 탄탄하게 다져둠. 또한 실생활과 연관된 사례를 중심으로 난이도

있는 문제집을 기획하고, 일본 대학 본고사, 경시 문제 등을 표본으로 해서 수학 문제를 선정하고 연구함.

학술활동 : 독서토론 동아리 ○○○를 결성해서 《죽은 경제학자의 살아 있는 아이디어》 외 5권을 읽고, 외부 자료를 통해 심층적인 공부를 한 뒤 현 시대와 연관을 지어 토론함. 위 책들의 경우 자유무역 찬반 토론 결과, 개발도상국이 초기에는 산업육성을 위해 보호무역을 취하다가 궁극적으로는 효율성 극대화를 위해 자유무역을 취하는 것이 옳다는 결론을 내림.《36.5℃ 인간의 경제학》의 서평을 작성할 때 최후 통첩 게임의 이타적 행위를 이기심이 작용했다는 논리로 재설명함.

04 독서 기반 봉사활동 (행특 및 종합의견란 기재 가능. 자기소개서에 활용 가능)

봉사활동 세부활동 내용 생활기록부 기재 범위

교내 봉사활동	학습부진 친구, 장애인, 병약자, 다문화가정 학생 돕기 등
지역사회봉사활동	복지시설, 공공시설, 병원, 농어촌 등에서의 일손 돕기, 불우이웃 돕기, 고아원, 양로원, 군부대에서의 위문활동, 재해구호, 국제협력과 난민구호 등
자연환경보호활동	깨끗한 환경 만들기, 자연보호, 식목활동, 저탄소 생활 습관화, 공공시설물, 문화재 보호 등
캠페인활동	공공질서, 교통안전, 학교 주변 정화, 환경보전, 헌혈, 각종 편견 극복 등

1) 봉사활동의 깊이를 위해서도 독서를 활용하라

사회구성원으로서의 공동체의식 실현과 인성 발휘를 생활화하는 봉사활동을 독서와 연계하면 시너지 효과를 낼 수 있다. 교과와 관련된 봉사활동, 봉사활동과 관련된 독서는 한결 더 우수한 평가를 받을 수 있도록 도와준다. 봉사활동의 계기를 독서에서 찾거나, 봉사활동으로 느낀 점을 독서를 통해 강화하는 것도 좋다. 이렇게 하면 스스로 성장하고, 인성도 어필하면서, 봉사를 계기로 관련 탐구역량을 발전시키는 과정을 잘 보여줄 수 있다. 봉사활동을 하면서도 독서활동을 더하면 학업역량, 지적 호기심, 탐구심을 함께 보여줄 수 있다. 봉사활동에서 기관에 대해 이해하고, 봉사를 통해 만나는 사람들에 대한 정보가 필요할 때 책에서 해법을 찾아보자.

봉사활동에 독서 녹이기

봉사활동 계기를 찾은 독서

동아리명		기간(시간)	
활동 내용	활동내용 자체 + 참여도 및 의욕		
선택한 이유			
진로 관련성			
느낀 점	성장, 태도 변화, 후속 활동		

활동 중 또는 활동 준비
과정에서 독서로 얻은
배움

활동 후 독서로 심화된 느낌,
변화 추가 작성
(진로 관련도 좋음)

[사례 1]

Before			
학년	**창의적 체험활동 상황**		
	영역	**시간**	**특기사항**
1	봉사 활동		김장 담그기 행사 : 독거노인을 위한 김장 담그기 행사에 참여함.

평가	봉사활동의 실천 과정과 노력이 드러나지 않는다. 스스로 어떤 영향(변화와 성장)을 받았는지 등도 전혀 알 수 없다.

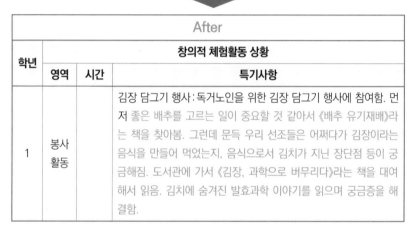

After			
학년	**창의적 체험활동 상황**		
	영역	**시간**	**특기사항**
1	봉사 활동		김장 담그기 행사 : 독거노인을 위한 김장 담그기 행사에 참여함. 먼저 좋은 배추를 고르는 일이 중요할 것 같아서 《배추 유기재배》라는 책을 찾아봄. 그런데 문득 우리 선조들은 어쩌다가 김장이라는 음식을 만들어 먹었는지, 음식으로서 김치가 지닌 장단점 등이 궁금해짐. 도서관에 가서 《김장, 과학으로 버무리다》라는 책을 대여해서 읽음. 김치에 숨겨진 발효과학 이야기를 읽으며 궁금증을 해결함.

코칭 포인트	봉사활동을 준비하는 과정에 독서활동을 추가해서 적음으로써 학생이 가진 열의와 지적 호기심이 잘 정리돼 드러났다. 김장 행사를 진행하기 전부터 책을 통해 사전 자료를 찾고, 그러는 과정에서 궁금증이 유발된 경위와 궁금증 해소 과정이 생생하게 녹아들었다. 김장 담그기 활동 후에도 주요 의문점을 발견, 책에서 문제를 해결하려는 모습이 인상적이다.

[독서 기반 학생부 봉사활동 사례 모음]

학년	창의적 체험활동 상황		
	영역	시간	특기사항
1	봉사 활동		영어교사 보조 : 후배 3명에게 영문학을 가르침. 스스로 알고 있는 영어 지식을 남에게 전달하는 과정이 어렵다고 느껴져서 《훌륭한 교사를 위한 교육봉사》라는 책을 읽고, 교육봉사의 개념 이해와 실질적으로 적용하는 방법을 깨닫게 됨. 이를 통해 교육봉사의 목표와 의의를 세워 학업지도를 진행했으며, 성적까지 향상됨. 덤으로 영어학을 튜터할 수 있는 기회를 만듦. ○○○○사회복지관에서 저소득층 초등학생, 중학생을 대상으로 학습 멘토링, 영어 교실을 3년째 이어가고 있는 교육봉사 동아리임. 자신의 지식을 타인에게 잘 전달하고 싶은 마음에 실제 교육봉사 기록이 담긴 《나눔교육과 봉사가 인생을 바꾼다》라는 책을 읽고 참고함. 사람들에게 봉사하고 나누며 사는 삶이 얼마나 소중한지를 배우게 됐고, 이를 나의 봉사활동에 적용하기로 함. 《놀이로 여는 집단상담기법》이라는 도서에 소개된 8가지로 정리한 워크지를 만들어 학생들을 지도하는 수업자료로 활용함. 또한 《청소년 집단상담프로그램》 책을 참고해서 멘티들의 마음을 헤아리기 위해 노력함. 동아리 회원들은 자신들이 사회에서 얻은 것을 지역사회에 환원할 방안으로서 관내 주변 저소득 가정에 대한 교육봉사를 실천함.

05 　독서 기반 진로활동(700자)

진로활동 세부활동 내용 생활기록부 기재 범위

자기이해활동	자기이해 및 심성계발, 자기 정체성 탐구, 가치관 확립활동, 각종 진로검사 등
진로정보 탐색활동	학업정보 탐색, 입시정보 탐색, 학교정보 탐색, 학교 방문, 직업정보 탐색, 자력 및 면허제도 탐색, 직장 방문, 직업 훈련, 취업 등
진로계획활동	학업 및 직업에 대한 진로설계, 진로지도 및 상담활동 등
진로체험활동	학업 및 직업세계의 이해, 직업체험활동 등

독서는 진로탐색을 돕는 가장 유용한 방법이다. 진로탐색활동을 포함한 네 가지 활동 영역에서는 담당 교사가 학생을 수시로 관찰해서 활동내용, 참여 정도, 흥미 정도 등을 파악, 이해하고 이를 바탕으로 문장을 입력한다. 진로를 명확하게 정한 학생들은 자신의 진로에 맞는 도서를 골라서 읽고, 그렇지 못한 경우에는 여러 진로 분야별 주요 도서를 선정해서 읽으면 생각을 정리할 수 있다.

1) 진로활동에 독서를 융·복합하라

대학은 학생이 선택한 진로를 현실화하기 위해 어떤 탐색과 노력을 했는지 알기 원한다. 이때 참고할 수 있는 내용이 진로활동에 포함된다. 여기서도 독서를 통해 개인의 변화와 성장을 충분히 보여줄 수 있다. 3년 동안 진로가 일관되게 나타나지 않을 수도 있는데, 진로의 일관성 여부보다 중요한 것이 진로에 대한 애정과 관심의 정도다. 진로가 변하게 된 계기를 꾸준한 독서나 체험으로 설명할 수 있다면 오히려 더 깊은 인상을 전달할 수 있다.

명사초청강연 보고서, 진로탐색활동, 진로상담활동, 국가, 교육부, 대학교 전공교육프로그램, 블로그, 과제연구, R&E(Research & Education) 활동 등을 기록하는데, 활용한 독서활동을 기초자료로 작성해두자. 공통으로 듣는 강연이나 프로그램이더라도, 스스로 관심이 생겨 더 알아보고 싶은 내용이 있다면 책에서 찾아보거나 강연자의 책을 찾아 읽는 것이 좋다. 이런 모습은 탐구심과 진로를 찾기 위한 열정으로 비쳐진다. 뿐만 아니라 다른 분야의 독서를 한 후 강연이나 프로그램과 연결해서 기록하면 창의적 융·복합 능력 측면에서도 높은 평가를 받는다.

2) 진로활동보고서는 꼭 기록해두자

의미 있는 진로활동 기록이 되려면 있는 사실을 구체적으로 적는 것도 중요하지만, 활동 전후의 노력한 사항과 결과를 잘 기재해야 한다. 이를 보여줄 수 있는 것이 진로활동보고서다. 대학을 탐방하거나 진로 독서를 하는 등 진로활동을 한 후에는 미리 준비해서 얻은 지식과 동기부여 내용을 기록하는 것이 좋다. 이런 모든 과정들에 독서의 영향력을 부각해서 기재한다면 큰 도움이 된다. 당연히 진로활동보고서에서도 독서내용을 녹여낼 수 있다.

진로활동에 독서 녹이기

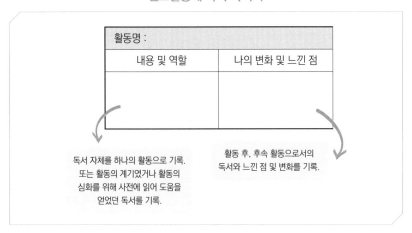

활동명 :	
내용 및 역할	나의 변화 및 느낀 점

독서 자체를 하나의 활동으로 기록. 또는 활동의 계기였거나 활동의 심화를 위해 사전에 읽어 도움을 얻었던 독서를 기록.

활동 후, 후속 활동으로서의 독서와 느낀 점 및 변화를 기록.

[아쉬운 사례]

학년	창의적 체험활동 상황		
	영역	시간	특기사항
1	진로활동		진로활동 시간에 '나를 찾는 여행, 진로탐색, 나의 진로결정, 진로계획 수립'의 계획에 따라, 직업심리검사와 다중지능검사, MBTI 검사 등을 진행함. 자신의 흥미와 적성, 성격을 이해하고, 이런 특성에 적합한 다양한 직업을 탐색해서 진로계획을 세움. 그리고 희망하는 대학과 학과를 위한 학습계획과 대학입시전략을 수립함은 물론, 희망 직업에 대한 구체적인 전략을 마련해 자신의 진로를 적극적으로 개척함.
평가	위의 사례는 일반적으로 학교에서 모든 학생이 참여하는 공통 진로활동들이다. 학교에서 작성한 공통내용만 기재돼 있다. 공통활동에도 학생 스스로의 참여도와 지원 학과에 대한 관심이 드러나야 좋은데 반영되지 않았다.		

[사례 1]

학년	영역	시간	특기사항
		Before	
		창의적 체험활동 상황	
1	진로 활동		진로심리검사를 실시한 결과 언어영역과 수리영역에 관심과 적성이 맞고, 과학 분야, 언론직, 정보통신 분야에 흥미가 있으며, 직업 선택에서 능력 발휘와 자기계발을 중시하는 것으로 나타남. 이를 통해 언어와 과학 분야에 적성과 흥미가 모두 있다는 것을 알게 됨.

평가	학교에서 공통적으로 하는 활동들로 구성돼 있다. 이런 경우 모두 유사하게 기재돼 변별성 없는 내용으로 채워지지만, 개인의 적성과 흥미를 작성한 부분은 비교적 긍정적이다.

학년	영역	시간	특기사항
		After	
		창의적 체험활동 상황	
1	진로 활동		진로심리검사를 실시한 결과 언어영역과 수리영역에 관심과 적성이 맞고, 과학 분야, 언론직, 정보통신 분야에 흥미가 있으며, 직업 선택에서 능력 발휘와 자기계발을 중시하는 것으로 나타남. 이를 통해 언어와 과학 분야에 적성과 흥미가 모두 있다는 것을 알게 됨. 이를 발달시키기 위해 평소 관심이 있던 과학 잡지 〈과학동아〉를 월별 구독하고, 관심 있는 기사나 자료를 스크랩해서 정리함. 또한 〈뉴턴〉잡지와 과학책에서도 관련 내용을 찾아 비교적 심화된 내용을 얻음.

코칭 포인트	교내 진로활동인 진로심리검사에서 스스로를 이해하고 끝내는 것이 아니라, 자신의 능력을 향상시키고자 과학 잡지를 구독하도록 코칭했다. 교내 활동의 연장선상에 독서가 있으니 돋보인다. 잡지를 읽은 후의 느낌이나 영향이 추상적이었는데 내용을 구체적으로 바로잡아 누락된 활동을 수정, 보완하는 것이 주요 포인트다.

[사례 2]

학년	창의적 체험활동 상황		
	영역	시간	특기사항

Before

학년	영역	시간	특기사항
1	진로 활동		문화, 예술 분야에 관심이 많은 학생으로 특히 방송과 언론 분야의 다양한 직업세계를 체험함. KBS 아나운서 특강에 참가해서 적극적으로 본인의 진로를 탐색했고, 다양한 방송 관련 직업 소개와 아나운서라는 직업에 대해서 구체적인 설명을 들음. '대한민국 ○○○○'의 공식 기자단으로서 학교 청소년 방송단 기자단 활동을 함. 여러 학교들을 직접 취재하는 기회를 가질 수 있었음. 방송인으로서의 책임의식을 다시 생각해봤고, 자신감과 적극성을 키우는 기회가 됐음.

평가	활동을 통해 배우고 느낀 점이 드러나 있음은 긍정적이다. 그러나 활동 참여도와 의욕이 드러나지 않아 아쉽다.

After

학년	창의적 체험활동 상황		
	영역	시간	특기사항
1	진로 활동		문화, 예술 분야에 관심이 많은 학생으로 특히 방송, 언론 방면의 다양한 직업세계를 체험함. KBS 아나운서 특강에 참가해서 적극적으로 본인의 진로를 탐색했고, 사전에 읽은 《아나운서 멘토링》이라는 책에서 배운 끈기의 중요성을 떠올림. 어떻게 하면 끈기 있게 일을 해결할 수 있는지 하는 궁금증을 질문을 통해 바로 해결함. 다양한 방송 관련 직업 소개와 아나운서라는 직업에 대해서 구체적인 설명을 들음. '대한민국 ○○○○'의 공식 기자단으로서 학교 청소년 방송단 기자단 활동을 함. 여러 학교들을 직접 취재하는 기회를 가질 수 있었음. 실제로 기사를 작성하기 위해 《인터뷰를 디자인하라》를 읽고 인터뷰에 관해 알아야 할 모든 것들 중 현장에서 바로 쓸 수 있는 노하우를 익혀 취재에 적용해봄. 인터뷰 방법과 대화를 유도하는 방법을 알게 됨. 방송인으로서의 책임의식을 다시 생각해보고, 자신감과 적극성을 키우는 기회로 삼음.

코칭 포인트	특강에 참여해서 적극적으로 진로를 탐색한 근거로 질문 내용을 추가했다. 독서를 바탕으로 가지고 있던 고민을 진로활동으로 해결하는 모습에서 자기주도성을 엿볼 수 있다. 기자단 활동을 하면서 스스로 독서한 부분을 추가했고, 참여 의지와 성장내용이 두드러진다.

[독서 기반 학생부 진로활동 사례 모음]

진로활동	교육학과 진학을 원하며 진로의식이 매우 뚜렷한 학생임. 학생은 창의진로과제를 작성하는 등 다양한 교육논문들을 살펴봄으로써 교육자로서의 안목을 넓힘. 특히 《프레네 교육학에 기초한 학교 만들기》라는 책을 읽으며, 독일과 국내 교육 환경을 비교했고, 창의진로과제 작성을 위해 디비피아에 소개된 논문 〈가르치며 사유하는 교사를 기를 수 있어야〉를 읽은 후 깊이 있는 활동을 하려고 노력함. 교육봉사를 진행하고, 평소 남을 돕고 가르치는 일을 즐기는 편임. 참된 교육자로서의 자질을 갖추고자 노력함. 생명과학 캠프에 참여해서 '노화'를 주제로 다룬 생명과학 전공 교수님의 강의를 듣게 됨. 이후 학생 스스로 〈원심분리기를 통한 세포 분리〉에 관한 논문을 찾아 읽고, 생명과학 실험을 실행함. 그리고 《노화의 생물학》을 찾아 읽고서 배운 내용을 심화학습함. 또한 학생은 '수의학 교실'에 참여, 여기서 배운 지식을 자신의 전공과 리포트 작성에 필요한 자료로 참고함. 후배들을 대상으로 '성적과 Activity, 두 마리 토끼 잡기'라는 주제로 강의함. 이를 위해 《코칭 & 멘토링》 책을 참고함. 효과적인 메시지 전달을 고민했음. 본인만의 공부법과 자율활동, 동아리활동을 소개하고, 강연 이후에도 지속적인 멘토링을 해줌. 평소 국가들 간의 정치·외교적 이해관계와 그 영향에 대해 관심이 많아 장래에 국제정치학자가 돼 국제 외교문제를 분석하고, 해결책을 제시하는 꿈을 가지고 있음. 《통합 국제정치학》 시리즈를 읽어 기초 외교사를 정리함. 정리한 지식을 바탕으로 뉴스와 신문을 읽으며, 정치·외교·국제 분야 관련 소식들을 요약하고, 자신의 입장을 정리하는 습관을 길러옴. 또한 각종 국제문제에 대해서 고찰해봄. 나아가 국제적인 이슈들에 미치는 정보와 언론의 영향력을 깨닫고, 이를 더 알아보기 위해 자신의 동아리 ○○(영자신문반)에서 관련 논문과 사설을 읽고 토론하는 활동을 벌임. 여름방학 기간에는 언론중재위원회 인턴십에 참여해서 언론의 중요성을 이해하는 계기가 됨.

학생은 자신의 진로에 대해 꾸준한 관심을 갖고 탐색하려는 노력을 보이고 있으며, 특히 인문과 미술 분야에 지대한 관심을 보이는 등 다방면에 관심을 갖고 있음.《여행자의 미술관》책에 나온 작품을 보고, 우리나라 미술 작품에 대한 호기심이 생겨 현대미술관을 찾아 견학했고, 사전에 읽은《취미는 전시회 관람》책에 소개된 작품을 보는 방법과 이해 등을 활용해서 미술 분야에 대한 관심을 충족시키는 체험활동을 함. 학교 직업체험의 날 행사 때에는 구립어린이집을 방문해서 선생님들을 인터뷰하는 등 유치원 교사가 되기 위한 노력도 높이 평가함. 학생은 평소 서적과 인터넷 정보 검색 등으로 자신의 관심 분야의 정보 수집에 노력을 기울이는 편이며, 학부모 또한 학생이 원하는 대로 적극 지원할 의사가 있었기에 학생과 함께 교육박람회에 수차례 동행하면서 관련 분야에 매진할 것을 독려함.

학생은 평소《십대를 위한 직업 백과》,《2030 미래의 대이동》등의 책을 읽으며 미래의 다양한 직업에 대한 관심이 많음. 직접 직장체험활동을 함으로써 희망하는 미래 직업에 대한 이해를 높이고, 자신이 경험한 것을 기반으로 현명한 진로탐색 계기를 마련. 직업체험과 직업인과의 인터뷰 등을 통해 직업의 의의를 깨닫고, 자신의 미래 직업 선택에 도움이 될 만한 경험들을 체득함.

진로탐색활동을 통해 평소 관심이 많은 유아교육 분야에 대한 지식과 정보를 얻음은 물론, 자신의 적성을 다시 한번 확인하게 됨. 그리고 미래 직업목표를 더욱 구체적으로 설정했음. 자신의 목표를 이루기 위한 일환으로 실제 유아교육 분야에서 배우게 될 전공서적《유아교육과정》을 탐독함. 그리고 유치원 현장에서 아이들 지도에 필수적인 내용들(자질과 태도)을 다룬《나의 직업 보육·유치원교사》를 읽으며, 자신이 전문가가 되기 위해 공부해야 할 부분을 미리 경험해봄.

또한 학생은 고교생 법·정치 아카데미에 참여해서 자신의 관심 분야인 정치를 알아보며, 정치와 깊은 연관이 있는 법에 대해서도 탐색하는 시간을 가짐.《까칠한 정치, 우직한 법을 만나다》라는 책을 통해 형식적 법치주의와 실질적 법치주의의 차이점을 공부했고, 법치주의와 민주정치의 관계에 대한 이해의 폭을 넓힘. 이처럼 학생은 늘 능동적이고 적극적인 자세로 자신이 탐구하고 싶은 분야의 공부에 매진한다는 장점을 가지고 있음. 최근에는 법과 정치에 대해 깊이 생각하고 토론하는 시간을 가지는 한편, 법·정치 관련 기관들을 견학하면서 평소보다 더 깊은 관심을 갖게 됨.

교육학에 관심이 많은 학생이기도 함. 특히 국문과에 관심이 많은 학생임. 구에서 진행하는 직업탐방 프로그램에 참여해서 강연자로 나온 국어선생님 강연을 들은 후 추가적인 정보를 얻고자《언어 능력을 기르는 국어수업》이라는 책을 읽고 어떻게 하면 학생들이 국어를 친근하게 느끼고 수업에 열중할 수 있을지에 대한 미래의 수업계획서를 만들어봄. 상세한 수업계획서를 작성하기 위해《말이 인격이다》라는 책에 나오는 말의 오용사례를 배움으로써 우리말의 예절과 올바른 말하기 기법을 알게 됨. 또한《시란 무엇인가》라는 책을 통해서는 시창작에 대한 지식을 쌓음. 한편, 학생은 '꿈 펼치기 대회'에 참가하는 등 자신의 관심 분야를 파고들어 체화하는 데 강점을 지니고 있음.

06 독서 기반 일반과목 세부능력 및 특기사항(과목당 500자)

전략적 독서를 바탕으로 세부능력 및 특기사항 강화

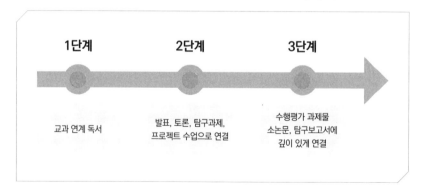

1단계	2단계	3단계
교과 연계 독서	발표, 토론, 탐구과제, 프로젝트 수업으로 연결	수행평가 과제물 소논문, 탐구보고서에 깊이 있게 연결

1) 세부특기사항이 독서기록이 되도록 전략을 짜라

'세부능력 및 특기사항'과 '특기사항' 항목은 학생의 교과 능력, 학업 태도, 열의, 발전 가능성을 가늠하는 자료가 된다. 따라서 어떻게 기록되는지가 중요하다. 이들 항목에는 기본적으로 학생이 이수한 과목의 성취수준, 학습활동 참여도, 태도, 활동 사항 등을 기록한다. 학생을 선발하는 대학교는 내신만 높은 학생보다 과목과 연계된 독서활동 및 이를 바탕으로 공부한 사례를 기재해 과목별 성취도를 명시하는 학생들을 우수하게 평가한다. 이는 당연한 일이다. 학생의 활동했던 과정과 지적 능력이 잘 나타나야 함은 물론이다. 기재할 내용은 독서를 바탕으로 학생 스스로 성장한 모습, 문제해결 역량, 현실에서 어떻게 활용하려 노력했는지를 강조하는 것이 좋다. 독서기록은 이를 강조하는 데 핵심 역할을 한다. 학생의 지적 관심과 사고의 확장, 성장의 정도를 읽은 책들과 연결해서 기록하자.

토론수업의 주제, 현장학습, 발표, 결과보고서 등 모든 활동을 막론하고 책에서 정보를 얻고 자료를 찾는 습관을 들이자. 가령 토론수업의 경우 토론의 주제를 조사할 때 단순히 인터넷 검색 자료만을 사용하는 것보다는 스스로 책을 찾아가며 찬성 또는 반대 측의 근거를 조사함으로써 책에서 알게 된 사실을 적어두는 것이 좋다. 이를 생활화·습관화해야 한다. 마찬가지로 현장학습, 발표, 결과보고서 등 모든 활동 시 책을 찾아 관련 내용을 발췌해서 적도록 하자. 수학여행이나 현장학습을 가기 전이라면 책에서 해당 지역의 자료를 찾아 읽어본 후 독서기록장에 궁금한 점을 기록해두자. 그리고 다녀온 후의 느낌과 함께 더욱 궁금해진 내용들이 생겼다면, 다시 책을 찾아 추가적인 정보와 사실을 추려 기록을 하자. 이렇게 정리한 기록들을 보고서로 만들어 담임교사에게 제출하자.

2) 팀 프로젝트도 독서로 해결하라

　프로젝트 과제는 수행평가의 한 가지 형태다. 학기 중 동시에 2~3가지가 진행되기도 한다. 여기서도 독서의 중요성이 나타난다. 평소 책을 많이 접해보지 않은 학생이라면 단순히 인터넷 검색이나 학교에서 제공한 정보만을 토대로 과제를 수행한다. 이는 그저 그런 과제물을 제출하는 데 그칠 것이다. 반면에 평소 독서가 몸에 배어 많은 책을 섭렵한 학생이라면 이야기가 달라진다. 이런 학생들은 설령 익숙지 않은 주제의 프로젝트 과제가 주어지더라도 문제해결 능력이 발휘돼 남들과 다른 우수한 결과를 만들어내는 모습을 보인다.

　새로운 주제의 과제일지라도 당황하지 않고 창의성이 발현되며, 여러 가지 형태의 자료를 찾으면서도 이를 융합적으로 활용해서 유의미한 정보를 뽑아낼 수 있다. 바로 독서의 힘이다.

　팀 프로젝트 과제는 정직하게 자료조사를 할 수 있는 기회라고 생각하자. 주제를 정할 때에는 키워드부터 먼저 정하기를 권한다. 먼저 관련된 책을 3권 고른 후 분량을 나눠 밑줄을 긋고, 리뷰를 정리한 후 서로 공유하는 게 팁이다. 오랜 시간을 들이지 않고도 키워드를 구체적으로 결정할 수 있다. 프로젝트 과제 수행을 위해 많은 자료들을 수집, 탐색한 후 이를 융합해보자. 이와 같은 트레이닝은 자신의 실력이 크게 향상되도록 도와준다.

교과 학습발달 일반과목 세특에 독서 녹이기

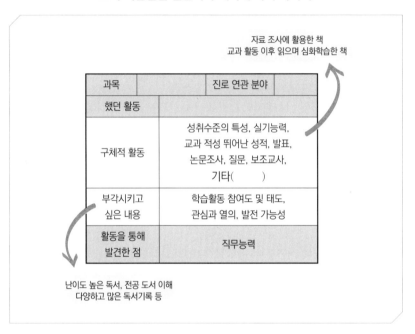

[사례 1]

Before	
과목	**세부능력 및 특기사항**
독서와 문법Ⅱ : 고전시가 갈래 중에서 향가, 고려가요, 악장, 가사 등에 대한 역사적 문학적 이론을 공부한 후 실제 작품을 감상하는 활동에 참여함. 일방적으로 듣는 방식이 아닌 스스로 고전작품을 해석해보려는 노력을 기울임. 또한 희극과 시나리오의 이론과 기초를 공부하고, 한 달 동안 연극 제작 프로젝트에 배우로 참여해서 팀이 성공적으로 공연하는 데 기여함. 아울러 '전통의 정의에 관한 간략한 논의와 사례에의 적용 : 대취타'라는 제목의 소논문 수행평가 과제를 작성함.	

평가	구체적인 활동과정과 근거가 뒷받침되지 않아 교사의 평가를 그대로 받아들이기 어렵다. 활동이 활동 자체로 끝나고 개인의 성장 등으로 이어지지 않는다. 활동을 위해 노력한 사항이 잘 드러나지 않아 특별하지 않다.

After

과목	세부능력 및 특기사항
	독서와 문법Ⅱ : 고전시가 갈래 중에서 향가, 고려가요, 악장, 가사 등에 대한 역사적 문학적 이론을 공부한 후 실제 작품을 감상하는 활동에 참여함. 일반적으로 듣는 방식이 아닌 스스로 고전작품을 해석해보려는 노력을 기울임. 고전작품 해석에 관심이 많아서 《문학 개념어와 논리적 해석》이란 책을 읽었고, 이를 바탕으로 낯선 작품일지라도 나름 논리적으로 해석할 수 있는 힘을 길러옴. 또한 희극과 시나리오의 이론과 기초를 공부하고, 한 달 동안 연극 제작 프로젝트에 배우로 참여해서 팀이 성공적으로 공연하는 데 기여함. 아울러, '전통의 정의에 관한 간략한 논의와 사례에의 적용 : 대취타'라는 제목의 연구를 해서 작성했는데, 논문 자료를 파악하기 위해 《논문 잘 쓰는 방법》을 읽고 참고함. 논문의 형식에 대해 배운 후 짜임새 있는 구성과 풍부한 자료를 구성하는 데 책이 큰 도움 됐음.

코칭 포인트	교과 시간에 배운 내용을 심화하기 위해서 책을 활용하고 적용한 노력이 돋보이며, 학생의 주도성도 잘 드러난다. 교사 평가에 대한 근거가 드러나 설득력을 가진다. 활동을 할 때마다 책을 기초로 더 나은 활동 결과를 얻고자 노력하는 모습은 성실함과 열정까지 엿볼 수 있는 대목이다.

[아쉬운 사례]

과목	세부능력 및 특기사항
심화영어회화Ⅰ	1. 도서 선정 : 원서 2권 《The Book Thief》, 《Snow Falling On Cedars》를 필수로 읽고, 개별적인 특수성에 따라 이외의 책을 선택한 학생도 있음. 매주 50분 읽기, 함께 50분 독서노트 작성을 12주간 실시함. 2. 독서노트 작성 : 개인 English Reading Journal에 매주 읽은 분량에 대한 내용 요약과 감상, 인상 깊은 구절을 영어로 작성함.

평가	독후 활동을 추상적으로 작성함으로써 좋은 활동이 부각되지 못했다.

[독서 기반 학생부 세부능력 및 특기사항 사례 모음]

과목	세부능력 및 특기사항
독서와 문법 I	국어의 역사와 주요 문법, 시의 감상과 실제 창작, 현대소설 감상 및 비평 등의 강의와 토론, 글쓰기, 발표 형태의 수업에 성실히 참여함. 또한 약 한 달 동안 자료를 준비하고 시행한 (영어공용화 정책을 피고로 하는) 모의 형사재판 수업에서 영어공용화에 대한 논리적 정당성과 그 정책이 지닌 난제 및 논리적 약점을 지적한 논문 〈지구촌의 언어전쟁-영어공용화 모국어화의 환상과 그 대안〉을 찾아서 읽기도 함. 수준 높은 논문의 내용을 바탕으로 차분하고 역동적인 토론이 이뤄질 수 있도록 기여함. 한편 《토론의 기술》이라는 책을 참고해서 입론과 반론에서도 차분하게 분위기를 이끌어감. 토의 시 자발적으로 팀원의 의견을 종합해서 발표하는 등 토론과 토의를 이끌어가는 리더십을 가진 학생임.
미국영문학사 발표 프로젝트	메리 울스턴크래프트의 《여성의 권리 옹호》라는 책을 읽고 인류 발전에 기여한 여성들의 공이 큰 반면에 그들의 인권 및 권리에 대한 인식이 약하다는 사실을 알게 됨. 이를 계기로 여성들의 인권에 대해서 조사함. 여성의 권리와 연관된 여러 가지 자료를 조사해서 A4 4장 분량의 영문에세이를 작성, 이를 프레젠테이션으로 10분간 완벽하게 발표해서 해당 학년 전체에서 발표 부문 최고점을 받음.
국어	국어교과 영역 전반에 걸쳐 매우 뛰어난 학업성취를 보인 학생임. 백석, 나희덕, 윤동주 등 현대시 작품들과 이청준, 박지원의 소설들을 표현상 특징과 구조, 주제의식 등을 중심으로 깊이 있게 감상했으며, 《친절한 국어 문법》을 정독함. 또한 중세국어 및 근대국어를 중심으로 《중세국어 문법용어사전》을 이용해서 문학을 해석하고, 국어사 전반에 대해 체계적으로 탐구함. 훈민정음 창제정신과 원리를 통해 우리말과 글에 대한 이해를 폭넓게 했음.
문학 I	시대적 배경과 관련지어 문학작품들을 분석, 감상하는 등 능동적인 작품 이해 능력이 우수함. 또한 〈사미인곡〉, 〈상춘곡〉 등의 가사 작품을 해석하는 데 머물지 않고, 《한국의 고전을 읽는다》 시리즈를 읽고, 이를 토대로 작가가 나타내고자 하는 가치관을 파악하려는 의지가 돋보임. 학생은 다른 고전작품들도 스스로 감상할 수 있는 능력을 지님.
세계사	중국사와 서양사를 함께 배우는 과정에서 유럽에서는 11세기부터 시장이 형성된 현상에 흥미를 갖게 됨. 그리고 《공부가 되는 유럽이야기》, 《유럽의 형성》이라는 책을 참고해서 자신에게 관심 있는 내용들의 원인을 분석하고 공부함. 또한 〈대륙의 상인〉이라는 테마 여행 안내서를 작성해서 중국의 지역별 상인들을 정리하고, 각 상인들의 경영철학을 문화적 배경과 연결해서 설명하는 통찰력을 보여줌.
문학	작품 감상 능력과 표현 능력이 우수함. 특히 문학작품 감상 능력이 뛰어남. 학생은 소설과 수필 제재의 특성을 잘 이해하며, 학생의 장점인 섬세한 시각으로 작품을 감상하는 장점을 지님. 《삼미 슈퍼스타즈의 마지막 팬클럽》, 《성공하는 10대들의 7가지 습관》, 이 두 책을 관련지어 읽으면서 끊임없이 도전하는 삶과 세속적인 삶을 넘어 자신이 중심이 되는 삶에 대한 진지한 성찰이 글짓기에서 엿보임.

지구과학실험 : 지구과학 영역의 배경 지식이 탄탄하고, 고체지구과학, 유체지구과학, 천문학 영역에 대한 고른 소양을 가진 학생으로 과제 집착력과 열정이 있을 뿐만 아니라 빼어난 문제해결력도 갖추고 있어 우수한 성취 결과를 나타냄. 특히 《최신 지구과학 실험서》를 읽고 알게 된 사실을 바탕으로 개인별 탐구주제 발표에서 편서풍 파동, 즉 기압골의 동쪽에서는 공기가 발산하고, 서쪽에서는 수렴하는 원리를 풍속, 기온, 와도의 개념을 이용해서 논리적으로 잘 설명함. 지구과학 분야에 남다른 관심과 열정을 가지고 있으며, 지질학과 해양학 분야의 재능이 특히 뛰어남. 《지구과학개론》등의 전문서적을 따로 찾아보며 끊임없이 발전하는 모습을 보임.

수학II : 수학에 흥미가 높고 문제를 다양한 관점에서 해결하려는 자세를 보임. 수학을 어려운 공부라고 생각하지 않고 《수학은 어떻게 예술이 되었는가》라는 책을 통해 원근법과 시각의 기하학을 영화를 보는 데 적용해보고, 철로를 어떻게 그릴 것인지 생각해보는 등 쉽고 흥미 있는 접근을 시도함.

적분과 통계 : 수학 문제를 차분히 생각해서 해결하려고 함. 모르는 문제의 경우 끝까지 고민해서 해결하려는 습관을 지녔으며 한 학기 동안 꾸준히 공부한 결과, 수학성적이 향상됨. 특히 통계의 개념을 이해하는 것에서 더 나아가 《통계가 전하는 거짓말》이라는 책을 읽음으로써 통계를 악용한 사례를 배우고 비판적인 시각을 기름.

경제 : 무역과 교류 역할극에 참여함. 무역에 대해 조사하던 중 《공정무역의 힘》을 읽고 소비자, 생산자, 기업 모두가 원원하는 무역이 있다는 사실을 깨달음. 자신이 느낀 것을 사업에 접목해서 비즈니스를 해보고 싶다는 생각을 가짐. 스스로 사업을 만들어 관련 산업체들과 무역하는 체험을 함. 한 달간 모의 주식 프로젝트를 진행함.

수학2 : 공식을 유도하는 과정을 면밀히 탐구해서 문제해결력이 치밀함. 어려운 문제도 쉽게 포기하지 않고, 공식을 응용한 추론을 통해 스스로 해결하는 등 탐구심이 뛰어남. 《코시가 들려주는 연속함수 이야기》를 읽으며, 실생활의 예시를 통해 함수의 수렴발산 및 극한값에 대해서 깊이 이해함.

수학 : 일차, 이차, 다항, 지수, 로그, 유리, 무리 함수, 행렬, 3차원 연립방정식 등을 공부함. 다양한 함수의 정의, 그래프 등을 다뤘음. 특히 함수의 변형을 이용한 그래프 그리기와 식 세우기, 그리고 함수의 변형에 대해 설명하기를 집중적으로 공부함. 1학기 때는 수학자들에 대해서 직접 조사해서 이를 다른 사람에게 알리는 포스터 제작하기 프로젝트를 진행함. 프랑스의 수학자 페르마에 대해 조사해서 페르마의 일생, 미적분에 대한 그의 직관, 정수론적 탐구에 대해 발표함. 특히 《페르마의 마지막 정리》라는 책을 읽고 페르마가 남긴 난제와 7년간 몰두해 이를 해결한 앤드루 와일즈의 이야기를 생생하게 전달함. 2학기때는 〈문명과 수학〉이라는 다큐멘터리를 감상한 후 이에 대한 감상문을 제출했고, 팀을 나눠 프로젝트를 진행함. 프로젝트의 주제는 '일상생활 속의 수학'이었는데 수학을 공부해야 하는 이유에 대해서 친구들과 토의하고, 수학의 중요성을 다양한 형식으로 전달함. 이때 《일상적이지만 절

대적인 생활 속 수학지식 100》을 읽고 구체적인 사례를 제시함. 학기 초에는 새로운 개념을 배울 때 시간이 오래 걸렸으나, 학기 말에는 학업이 크게 향상된 모습을 보임. 포기하지 않고 성실하게 노력하며, 모르는 내용은 끊임없이 질문해서 해결하려고 함. 단순히 시험을 위한 공부가 아닌 개념을 이해하려는 자세로 공부함.

생명과학1 : 수의학과와 생명과학 분야에 관심이 많아 교내 학생탐구발표회에서 인터넷 동물 분양 사이트의 운영방식에서 진정성의 실태를 조사하고, 문제점을 파악하는 등의 노력을 보임. 교내 과학 독후감 쓰기에서 《동적 평형》이라는 책을 읽고 생명과학 분야를 더 깊이 탐구하는 등 생명과학 분야에 관심이 높고 호기심이 많은 학생임.

국어 : 《한글 맞춤법 강의》라는 책을 참고해 띄어쓰기 규칙과 표준어 규정, 외래어 표기까지 많은 부분을 배움. 생각보다 규정이 까다로워 친구들에게 알려주기 위해 PPT를 준비해서 헷갈리는 부분을 짚어줘 친구들에게 고맙다는 인사를 받음. 그 지식을 바탕으로 교내 맞춤법 발표에서 우수한 성적을 거둠.

법과 정치 : 사회시간에 배운 국제 정세에 대해 관심이 생겨 '시리아 사태'에 대해서 조사하고, 학생들 앞에서 발표함. 국제 정세에 의해 시리아라는 나라가 파괴되는 것을 보고, 과거 시리아의 모습이 궁금해져 시리아에서 작성한 기행서적 《1만 시간 동안의 아시아 3》을 읽고 시리아는 평화로운 우리나라와 다름없다는 점을 알게 됨. 시리아 내전이 끝나면 직접 그곳에 방문해보고 싶은 버킷리스트가 만들어져 장기 계획표에 기록함.

인문 : 방과후학교로 인문학 특강을 들으면서 리포트 작성을 계기로 인문학적 소양을 기름. 《세계의 교양을 읽는다 2(인문학편)》와 《거꾸로 읽는 그리스 로마 신화》를 찾아 읽음. 책들을 통해 추상적인 논리를 단계적으로 배웠으며, '이카로스의 날개 이야기'를 인상 깊게 읽고, 동양철학의 중용과 연관 지어 생각해봄. 또, 《Pygmalion》과 《The Joy Luck Club》, 《The Scarlet letter》를 원서로 읽고 각각의 감상문을 영작해서 제출함.

07 독서 기반 개인별 세부능력 및 특기사항(500자)

확장된 독서내용을 담아 개인특기 프로젝트보고서, 소논문을 쓰자. 논문 또한 독서와 밀접한 관련이 있다. 소논문, 명사초청 강연 보고서, 흥미 있는 과목의 과제연구, R&E 등의 연구 결과물은 전문적인 관련 자료가 더욱 뒷받침돼야 한다. 책과 더불어 논문을 찾아서 읽으려는 시도 자체가 독서의 수준을 끌어올리는 최상의 길이다. 논문을 찾아서 읽고 싶다면 아래의 사이트를 방문해서 키워드 기반으로 검색한 후 읽어보자. 쉬운 주제부터 먼저 읽기 시작해서 어느 정도 연습이 됐다면, 자신이 관심 있는 주제를 찾아 읽는 데에도 큰 어려움이 없을 것이다. 한번 시도해보자.

DBpia (http://www.dbpia.co.kr)	전자저널 논문 서비스 – 열람, 저장, 출력 가능 9개 분야, 3,138종의 간행물(국가지식 1,308종) 2,456,640건의 논문(국가지식 884,740건 포함)
KRpia (http://www.krpia.co.kr)	한국학 지식 콘텐츠 – 열람/저장/출력 가능 11개 주제 분야, 305종 콘텐츠, 1,628,740건 자료주제 색인 서비스 제공
BookRail (http://www.bookrail.co.kr)	5,300종 전자책 원문 – 열람/검색 가능
RISS (http://www.riss.kr)	교육부 산하 한국교육학술정보원(KERIS)이 제공하는 국내 최대 무료 학술연구정보서비스(RISS), 학위논문, 국내 학술지, 해외학술지, 단행본, 공개강의(KOCW), 연구보고서 등 무료검색 가능

개인 연구과제, 소논문
DBpia, KRpia, BookRail, RISS 콘텐츠에서 참고하자

- R&E 연구 자료.
- IR(Individual Research) 연구 자료.
- 소논문 쓰기 및 발표 대회 자료.
- 과제탐구 및 발표 대회 자료.
- 다양한 동아리 연구 및 탐구활동 지원 자료.
- 다양한 프로젝트 및 교과 협력수업 자료.
- 진로적성에 맞는 논문 자료.
- 교과 독후활동 및 수행평가 자료.
- 흥미를 유도하는 자기주도학습 유도 및 전개 자료.
- 입시사정관제 대비 연구주제 선정 및 포트폴리오 준비 자료.

[독서 기반 학생부 개인별 세특 사례 모음]

세부능력 및 특기사항
《왜 세계화가 문제일까?》라는 책을 활용해 세계화와 우리 고유문화의 보존에 관한 소논문을 작성함. 참고한 책을 바탕으로 세계화의 장단점을 논거하고, 각 나라의 이해관계 관점에서 수행과제를 정리했음. 또한 〈한류 콘텐츠 노출 정도가 한국 국가 이미지 및 상품 평가에 미치는 영향에 관한 연구〉 논문을 읽으며 한류가 세계화에 미치는 사례들을 살펴본 후, 향후 우리나라가 세계화 과정에서 살아남기 위한 전략과 방안 등을 모색해서 발표자료 작성에 활용함.
《연기의 세계》라는 책을 읽고 정리해서 잘 모르고 있던 연기(演技)의 정의를 깨닫게 됨. 연극의 본질이 연기에 있다는 사실을 배우고 연기에 관심 있는 학생들끼리 모여 〈로미오와 줄리엣〉 공연을 준비함. 특히 책에서 배운 등장인물의 유형 분석이 공연에 큰 도움이 됐음.

팀 프로젝트 활동에서는 '21세기에 걸맞은 리더상'이라는 주제를 선정한 후, 각자 2권의 서적 《데일 카네기 인간관계론》, 《CEO의 삼국지》를 읽고 토의하는 과정을 거쳐 리더의 자질 10가지를 도출해냄. 이를 바탕으로 조선 임금 정조의 리더십을 평가하고, 특히 그의 불우한 성장배경과 성공적인 개혁정치의 상관관계를 분석했음. 그 결과 21세기 리더는 지적 능력과 자질뿐만 아니라 자기 관리 및 성찰 능력 등의 인성도 필요하다는 결론을 내려 탐구과제를 작성함.

나만의 특별한 스펙 만들기 프로젝트 중 《한국의 미 특강》을 읽고 탈춤의 매력을 알게 돼 봉산탈춤을 직접 조사해봄. 봉산탈춤을 적용한 퍼포먼스를 직접 대중 앞에서 시연해보이며 자신감과 협동심을 길렀고, 대한민국의 고전 풍자문화에 대한 높은 이해를 보임. 《한국의 탈춤》을 읽은 후에는 탈춤의 기본원리를 다른 나라의 연극과 비교하고, 탈춤의 특징인 풍자적 성향을 효과적으로 표현하기 위해 《감동을 만들 수 있습니까》라는 책을 활용함. 책에서 알게 된 정보를 바탕으로 탈춤을 기획·구성했으며, 학생이 직접 주요 배역을 맡아 연기까지 해보며 관중들의 공감을 이끌어내는 등 한국의 미에 대한 이해의 폭이 넓음.

현대인의 왜곡된 사랑노래 조사:《한국의 고전시가선》을 읽고 우리 조상들의 당대 상황과 그들의 감정을 간접적으로나마 체험해봄. 그리고 현대 젊은이들의 사랑 이야기들이 노래에 많이 표현된다는 것을 깨닫고, 울랄라 세션의 노래 〈아름다운 밤〉 가사를 분석해봄. 오늘날에는 사람들이 정신적 사랑보다는 육체적 사랑에 더욱 집착하고, 성에 대한 존중과 가치가 떨어지는 현실을 나름 정리해서 비판해봄.

프로젝트 활동 중 조선 말기인 1876년에 맺어진 강화도조약에 대한 비준 모의국회 활동에서는 학습한 내용을 바탕으로 정확한 용어를 활용하는 모습을 보임. 국회의장으로서 모의국회 활동 시 의원들의 의견을 논리적으로 정리하고 회의를 원활하게 이끌어나가는 모습이 탁월함. '일제 강점기 우리 민족의 저항' 단원 Class hook 제작 학습에서 조원들의 역량에 따른 역할 분담을 주도해 창의적인 결과물을 만들어냄. 이때 《일제강점기 그들의 다른 선택》이라는 책을 참고했는데, 책에서 소개하는 구체적인 사례를 드는 등 수준 높은 결과를 보여줌. 분담 강의 학습에서도 폭넓은 이해력을 바탕으로 내용을 구조화하고, 전달력 있는 발표 능력을 보임. 주제에 대한 인터넷 리서치 활동 후 프레젠테이션 하는 학습활동에서 공신력 있는 사이트를 활용해서 정확한 정보를 리서치 할 줄 알고, 《일제강점기 사회와 문화》와 같은 책을 활용해 그 내용을 내면화해서 짜임새 있는 발표 실력을 나타냄.

롤 모델 가상 인터뷰 중 본인의 롤 모델인 유재석을 가상으로 인터뷰하기로 결정함. 이를 위해서 대중문화 평론가가 집필한 《유재석 배우기》라는 책을 통해 유재석의 말하기 방법, 소통법, 자기 관리법을 익혀 질문을 만들었으며, 그 내용을 PPT와 자료로 제작해 사람들 앞에서 발표함.

1교시 노래 만들기 중 팀원들과 협동해서 선생님들을 응원하는 피아노 멜로디를 만듦. 특히 가사를 만드는 과정에서 라임 맞추기, 글자 수 배열, 운율 형성 등을 위해서 《김이나의 작사법》을 읽고 도움을 받았으며, 아이디어를 주체적으로 표현함.

방과후수업에 항상 집중하고 적극적인 참여 의지가 돋보임. 수업에서 활용한 다양한 학습활동지를 체계적으로 정리해서 자신만의 포트폴리오를 만듦. 학교의 두발, 복장 규정을 존중하며, 교사와 교우에게 예의가 바름. 한국사 배경 지식이 넓은 편이며 지식의 깊이를 더하기 위해 늘 적극적으로 질문함. 자기 스스로를 이해시키는 일에 끈기와 도전의식이 크고 목표를 향한 의지가 강함. 특히 한국사의 경우 《13M 한국사》를 참고해서 연표를 직접 제작하고 활용한 공부를 하는 등 꼼꼼함을 보여줌.

08 독서 기반 예체능과목 세부능력 및 특기사항(과목당 500자)

예체능과목은 각 500자씩 작성할 수 있다. 학생의 전공이 예체능 분야가 아니라도, 학교생활에서 보여준 정서적 측면과 성실한 학업태도 등으로 학생부 기록을 채울 수 있다. 또한 융합적 측면에서 볼 때, 예체능을 다른 교과와 연계해 학업역량을 드러낼 수 있다. 예체능과목에서 얻은 아이디어를 독서 분야에 적용하며 교과과목과의 융합 프로젝트를 진행한다면, 창의적이면서도 예술적 감각까지 뛰어난 학생이라는 평가를 받을 것이다.

과목	특기사항
음악 : 20세기 근현대음악사의 사회적·문화적 맥락과 특성에 대한 이해력이 뛰어남. 이때 《청소년을 위한 한국음악사》라는 책을 참고하는 등 열의를 보임. 여러 가지 사조의 악곡의 특징을 감상, 구별하는 능력이 우수함. 국악곡의 특징을 악기, 장단, 쓰임에 따라 정확하게 이해하며 우리나라 음악의 우수성을 인식함. 그 후 《우리 음악 어디 있나》를 읽고 K팝의 뿌리인 우리 음악, 우리 심성에 대해 다시 생각하는 기회로 삼음. 음악 분야도 뛰어난 학생으로서 《내가 사랑하는 클래식》, 《조선 최고의 예술 판소리》 등을 읽으며, 음악에 대한 기본 교양을 쌓음. 또 외국 친구들에게 우리 문화를 소개하기 위해 《한국의 美 특강》을 읽은 후 우리 미술의 대한 이해도가 높아져 자신의 지식을 자랑스럽게 소개함. 뿐만 아니라 학교 발표회 이후 공연 및 무대 분야에도 호기심이 생겨 《김PD의 공연기획》을 읽게 됨. 무대와 공연산업의 배경 지식과 우리나라의 현 예술산업 구조를 배움.	

09 독서 기반 개인별 특기사항(500자)

1) 독서 기반 개인특기는 주제별 프로젝트로 만들어라

독서활동의 경우 학생이 자신의 진로에 맞춰 특별히 인문학적 소양을 기르는 데 도움 받은 책들을 기록할 수 있다. 인문학적 소양은 전공을 막론하고, 교양을 쌓으며 지적 호기심을 자극하는 사고활동의 근간이 된다.

자기주도 독서활동의 사례를 함께 살펴보자. 학생은 대안학교에 재학 중이며, 평소 인터넷과 휴대전화도 허용되지 않는 기숙사 생활을 한다. 그런 가운데 주말마다 EBS 강의인 〈논술개념어 사전〉 프로그램을 찾아서 시청했다. 사례는 개념어 판옵티콘(Panopticon)과 관계된 독서 《감시와 처벌》을 읽고, 시대상과 연결한 독서보고서 작성 사례다. 독서가 정말로 그렇게 어려운 것일까? 독서는 무궁무진한 아이디어를 얻고, 창의적인 프로젝트 결과물을 만들어내는 기초가 된다.

프로젝트

영어 프로젝트 팀 활동

〈맥베스(Macbeth)〉 연극 발표 프로젝트 : Act2를 맡아 50분간 대본 없이 1인 2역 열연을 펼침. 극의 이해와 현실감 있는 감정 연기를 위해 《맥베스》를 원어로 읽고, 주동인물과 반동인물을 비교·분석함. 입체적 인물로 표현된 맥베스의 심리 변화 양상을 심도 있게 관찰하고 인물탐구보고서를 작성함. 이런 경험을 토대로 〈베오울프(Beowulf)〉 연극 발표 프로젝트에서 극 전체를 연출하고, 시나리오를 작성했을 뿐만 아니라 30분간 1인 2역 연기를 보여줌.

광고기획 프로젝트

주제를 정해 광고를 만드는 프로젝트에서 아이디어를 내고 이끌어감. 《광고천재 이제석》, 《스토리가 강해지는 애니메이션 시나리오》를 참고해서 영상 광고와 포스터 광고 등을 창의적으로 제작함.

팀페이퍼 : 화씨 451(Fahrenheit 451)

영문 소설 독해 및 분석 프로젝트에서 《화씨 451》을 읽고 해석했으며 인물, 상징, 결말 등을 분석해 A4용지 7장 분량의 영문 에세이 'Fahrenheit 451; protagonist, symbolism, and ending'을 작성. 작성과정에서 레이 브래드버리(Ray Bradbury)의 다른 작품들을 참고하고 연관시켜 높은 점수를 받음.

방과후 자기주도학습

영어 – 작가 조사 프로젝트 : 영국문학의 대가로 일컬어지는 셰익스피어를 1개월간 조사하고, 그의 4대 비극인 《햄릿》, 《오셀로》, 《맥베스》, 《리어 왕》을 정독한 후 주요 내용을 리포트로 작성함. 리포트 내용을 15분간 발표함. 영어 토플 실력 보강을 위해 단어를 외워서 보충함. 그 결과 논술력과 영어 분야의 다양한 문형에서의 성취도가 높아짐.

10 독서 기반 공통 /
과목별 독서활동 상황

(도서명과 저자만 기록하지만 자소서 참고 및 면접 활용을 위해 기록 필요)

학생부에는 담임교사가 기록하는 '필수독서' 부분과 교과 담당교사가 기록하는 '교과 연계 독서'의 기록이 가능하다. 학교에서는 학년 초마다 학생들이 읽어야 할 권장도서 목록을 제공한다. 권장도서는 학교생활의 성실도를 평가하는 하나의 기준이 되기 때문에 필독해야 한다.

자신의 꿈, 진로와 밀접한 관련이 있는 책은 연간 4권, 교과 연계독서의 경우 현재 이수과목과 관련 있는 한두 권 정도는 읽은 후 연결고리가 명확히 드러나도록 학생부에 기록해야 한다. 교과 연계독서의 중요성은 각 과목당 500자로 배정된 독서기록 권장 분량을 썼을 때도 중요성을 잘 몰랐다. 한 학기에 학생이 이수하는 과목이 7개라면 3,500자를 쓸 수가 있었고, 분량을 가득 채우면, 독서활동에서도 학업역량을 어필해서 긍정적인 평가를 받을 수 있었다. 이 사실을 알고 대비하는 학생과 학부모는 드물었다. 현재 책제목과 저자명만 쓰는 것 때문에 독서의 중요성을 생각지 않는다면 그것은 계산 착오다. 학생부에서 심층 독서역량을 어필하는 영역은 모든 교과세특 활동영역으로 확대되고 있음을 다시 한번 강조하고 싶다. 학생부 기록과 관계없더라도 독서를 통한 핵심 역량 신장 노력을 계속하기 바란다. ^(이 책 26p 참고 : 학업역량, 전공 적합성, 발전 가능성 참고)

아래는 대원외고에서 제공한 독서기록 지침 중 일부다. 독서를 한 후 단지 깨달음을 얻는 것으로 그쳐서는 안 된다. 독서활동이 동아리활동으로 연계되거나, 강연을 찾아듣거나, 탐구를 심화해서 프로젝트를 통한 리포트를 작성하는 등 구체적인 결과물로 이어져야 인정받고 긍정적인 평가를 받는다. 각 진로에 따라 독서기록을 어떻게 활용하는지 아래 내용을 보고 참고하기 바란다.

---

① 책의 어떤 부분에서 무엇을 느꼈고, 자신의 생활에 어떻게 반영했는지의 순서로 서술한다.

예시 : 《나를 성장시키는 생각의 기술》을 읽고 중요한 결정을 내릴 때 고려해야 하는 변수들이 많다는 점을 깨달음. 토론 대회나 실험연구를 할 때 변인(變因)에 대해 깊이 생각하며 활용함. 앞으로 생명을 다루는 의료인이 되기를 희망하는데, 책에서 배운 생각을 적용해서 모든 치료과정을 중요히 여기고, 신중해야겠다고 다짐함.

② 자신이 지원할 학과에 맞춰서 감상을 쓴다.

예) 《오발탄》

- 사회학과 : 빈부의 격차가 커질 수밖에 없었던 우리나라의 전후 정치제도의 모순점을 통해서 현대사회에도 불합리한 정치제도가 없는지를 알아보고자 신문의 정치면과 사회면을 관심 있게 읽게 됨.

- 심리학과 : 전후 불안한 사회에서 살아가는 개인들의 심리적 방향과 좌절을 공감했고, 불합리한 사회 속에서 양심적인 지식인들이 겪을 수 있는 내적 갈등을 해소할 수 있는 정책을 고민하기 시작했음.

예) 《크레이그 벤터 게놈의 기적》

- 바이오시스템 공학 : 인간의 삶을 연장하고자 하는 유전의학자들의 한계성을 기계적 발달이 보완할 수도 있다는 생각이 들어 인체모방에 대한 지식을 더 알고 싶었고, 이에 《〇〇〇》라는 책을 추가로 찾아서 탐독함. (결과)

- 의예과 : 인간의 건강과 삶의 연장이 단지 의술로만 이뤄지는 것이 아니라 의학 발전을 위해 실험실에서 노력하는 의학자들의 노력이 크다는 사실을 깨달음. 인간 신체에 대한 탐구심이 높아져 수행평가 시 과학탐구 분야에 대한 보고서를 작성함. (결과)

③ 진로독서 외에 다른 영역의 독서도 골고루 한다.

〈출처 : 대원외고〉

독서활동 상황에 학습 역량 녹이기

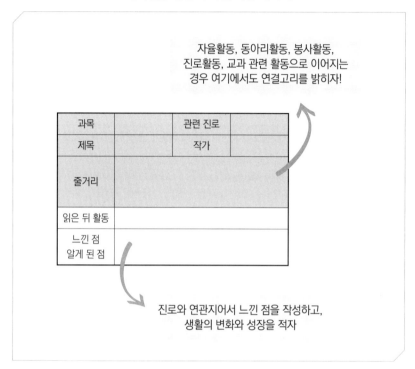

자율활동, 동아리활동, 봉사활동,
진로활동, 교과 관련 활동으로 이어지는
경우 여기에서도 연결고리를 밝히자!

과목		관련 진로	
제목		작가	
줄거리			
읽은 뒤 활동			
느낀 점 알게 된 점			

진로와 연관지어서 느낀 점을 작성하고,
생활의 변화와 성장을 적자

[아쉬운 사례]

학년	과목 또는 영역	독서활동 상황
	한국사	《미래를 여는 한국의 역사 1 : 원시시대에서 남북국 시대까지》, 《미래를 여는 한국의 역사 2 : 고려시대》, 『미래를 여는 한국의 역사 3 : 조선시대》3권을 수업시간에 읽음.
	한국사	《미래를 여는 한국의 역사-개항에서 강제병합까지》, 《미래를 여는 한국의 역사-일제강점기》를 읽음.
	미국정치(AP U.S GOV & Politics)	막스 베버의 《프로테스탄트 윤리와 자본주의 정신》을 읽고, 현대 자본주의를 비평하는 글을 써서 제출함.

평가	책을 읽었다는 내용만 기재돼 있으며 책을 읽은 후의 느낌이나 스스로 변화한 내용, 독서 이후 활용한 점 등이 전혀 드러나지 않았다.

[독서 기반 학생부 독서활동 상황 활용 사례(2021학년도~2024학년도 도서명, 저자명 기록)**]**

학년	과목 또는 영역	독서활동 상황
	과학	서울대학교 공과대학의 《공학에 빠지면 세상을 얻는다》는 서울대학교의 각 학과별 특성과 비전뿐만 아니라, 각 분야에서 성공한 사람들의 수기가 실려 있다. 평소 과학과 공학이 사람을 위해 쓰이는 만큼, 궁극적으로 사람을 위해서는 자연을 지켜야 한다고 생각하고 있었다. 다양한 전공에 대한 소개와 현직에 계신 분들의 인터뷰를 읽으며, 에너지 개발 분야와 에너지 기술을 발전시키는 일을 하고 싶어졌다. 평소의 꿈을 이룰 수 있도록 도와줄 구체적인 전공을 찾게 해준 책이다. 인간과 본질 및 본성에 대한 호기심이 많아 《최재천의 인간과 동물》이란 책을 읽었다. 인간의 발전과정과 사회에 대한 전반적인 지식을 배웠고, 동물의 행동이 인간과 유사하다는 점도 깨달았다. 이후 동물과 다른 인간의 욕구와 자제 능력에 대해 고민해봤다. 이 책에서 추천하는 《이기적 유전자》도 추가로 읽으며, 인간이 과연 유전자의 조작물인지, 위대한 창조물인지에 대한 근본적인 고민을 해볼 수 있었다. 뿐만 아니라 일상적인 상황에서의 인간 행동이 진화론적인 측면에서 설명될 수 있는지도 고민해봤다. 그 후 인간의 본성에 대해 많은 연구를 수행한 프로이트의 《꿈의 해석》을 읽으며 무의식과 꿈, 꿈의 생성 및 해석 등을 접하게 됐다. 그리고 다른 책들과 연결해 정신적 요소에도 유전적·진화론적 접근을 할 수 있을지 고민해봤다.
	사회	《불편해도 괜찮아》라는 책을 읽고, 인간의 권리와 책임, 두 가지에 대해서 배움. 특히 개인적으로 여성의 평등문제와 인권에 관심이 많은데, 여성의 주체성을 대표하는 한비야 씨를 존경해서 그녀의 책 《한비야의 중국견문록》을 찾아 읽음. 다양한 국가, 사회 속에서 일어나는 인권과 사회 문제들을 고민해보는 계기가 됐고, 사회적 약자들의 인권 신장을 위해 노력하겠다는 적극적인 의지를 보임.
	인문	《오래된 미래 : 라다크로부터 배우다》를 읽은 후 '느림의 미학'이라는 단어가 자연스럽게 마음에 새겨짐. 필요한 양만큼의 자원만 쓰는 것이 매우 당연하다는 생각도 갖게 됨. 그 전에는 아무 생각이 없었으나, 동물들의 노동력을 인간이 사용하고, 최후에는 인간의 식량이 돼주는 동물들에게 감사한 마음이 느껴짐. 이 책을

인문	읽음으로써 진정한 무소유의 가치를 배움. 건강함과 부유함의 새로운 척도를 내 안에 세울 수 있는 기회가 됨. 교류와 협력의 참된 가치를 담고 있는 책이라고 생각함. 조지 오웰의 대표적인 풍자소설인 《동물 농장》을 읽음. 이 소설은 동물들이 반란을 준비하면서부터 전개되는데, 지식인인 돼지들이 지도하고, 그들만의 사회를 구성해서 살아감. 처음에는 이상적이었던 그들만의 사회에서도 독재와 부정부패가 일어나면서 결국 그들이 증오했던 인간들을 닮아가는 모습이 그려짐. 집권층이 어리석은 백성들을 속이며, 세뇌하고, 자신들의 잘못을 합리화하는 과정을 보며 속으로 화가 남. 우리 인간사회를 잘 묘사한 명작임. 한 명의 지도자에 대한 절대적 복종과 충성, 쿠데타, 대통령 선거 등의 문제에 대해 고민해보는 계기가 됨. 일본을 대표하는 작가 무라카미 하루키의 《쿨하고 와일드한 백일몽》을 읽음. 평소 존경하는 국어선생님이 추천해주셔서 책을 읽게 됐는데, 작가 특유의 필체에 반함. 이 책을 읽으며 사소함에 감탄하고 소소함에 웃을 줄 아는 사람이 진짜 멋진 사람이라는 것을 알게 됨. 책을 읽은 후 가끔씩 일상 속의 작은 아름다움을 찾는 시간을 가져보곤 함.
진로	《멈추지마, 다시 꿈부터 써봐》는 50여 개의 한국 직장에서 모두 떨어지고, 전혀 유쾌하지 못한 인생을 본인만의 패기와 열정으로 180도 바꾼 인생 스토리다. 포기하지 않는 것이 얼마나 중요한지를 새삼 깨달음. 특히 자신에게 맞는 길을 찾아 인생의 전성기를 누리게 된 작가 김수영 씨처럼 나도 많은 환경들 중 나에게 가장 맞는 길을 찾아야겠다고 느낌. 《독서천재가 된 홍대리》는 남들과 다를 것 없던 홍대리가 꾸준한 독서습관을 들임으로써 새로운 삶이 그려짐. 초등학교 때부터 "책 봐라. 책 봐라" 하던 부모님 말씀이 조금은 납득되도록 해준 책. 이 책을 읽은 후 실제로 1주일에 책 한 권 읽기를 실천해보기도 함. 두 달 정도 계획한 것을 이루고 난 후 느낀 점은 생각보다 독서가 어렵지 않다는 것, 그리고 계획을 세우면 훨씬 실행력이 높아진다는 점이었음. 두 달 동안 평소 관심 있던 여덟 권의 책을 읽었는데, 그 결과 해당 전문 지식도 늘고 흥미도 깊어진 경험을 함.

	진로	심리학은 모든 사람이 조금씩은 궁금해하는 분야임. 《설득의 심리학》은 일반인들이 심리학의 기초를 이해할 수 있도록 도와줌. 특히 사람들을 설득하는 데 사용하는 심리학 이야기에 매료됐음. 이 책은 내가 앞으로 배울 심리와 상담의 가장 기초적인 역할을 할 것 같음. 책을 읽은 후 책에서 소개하는 인간의 심리들을 대화할 때 적용해보곤 하는데, 그럴 때마다 맞아떨어지는 것이 너무 신기하고 놀라움.
	자기계발	《성공하는 10대들의 7가지 습관》은 많은 사람들이 읽은 베스트셀러임. 여러 번 읽을수록 점점 실천해보려는 의지가 다져짐. 책에서 강조하듯 하나둘씩 실천하는 사람이 되고자 노력해봄. 특히 끊임없이 쇄신하라는 마지막 습관이 나에게 강렬하게 남아 평소에도 주기적으로 스스로를 개혁하려는 습관을 갖게 됨. 플래너를 더욱 자세히 적어가며 실생활에서 내가 주도권을 갖게 됨.
	사회	《지도 밖으로 행군하라》는 한비야 작가의 오지탐험을 진솔하게 담아낸 책으로 젊은이들에게 넓은 세상을 향한 포부를 가지게 함. 이 책을 읽고 가족을 설득해서 월드비전 연간회원에 등록할 만큼 책이 나에게 미친 영향은 지대함. 또한 책을 읽은 후에 내가 리더로서 갖춰야 할 여러 가지 소양들에 대해 고민하게 됨. 소외된 자들을 외면하는 사람이 절대 높은 곳을 향할 수 없다는 사실도 배우게 됨.
	공통 분야 (예술·체육)	《세상에 없는 무대를 만들다》는 공연기획과 무대연출에 관심이 많은 나에게 여러 가지로 도움이 된 책. 기존의 니렌드(NEED & TREND)와는 다른 방식으로 대한민국 공연예술의 혁신을 불러일으킨 저자의 모습을 알 수 있었음. 특히 함께 일하는 동료를 무한 신뢰하는 모습이 인상 깊었음. 공연이 성공적으로 끝나면 동료들과 기쁨을 나누고, 반면 실패했을 때에는 프로듀서로서 책임지고 동료들을 격려하는 모습을 읽으며, 이 시대에 진정 필요한 리더십을 알게 됨. 독서 후 학내 예술제 연출과 뮤지컬 〈레미제라블〉을 기획하면서 스스로 연출가의 입장이 돼 오랫동안 기억에 남을 만한 추억을 만듦.

11 독서 기반 행동특성
및 종합의견(500자)

행동특성 및 종합의견은 교사가 학생을 비교적 오랜 기간 동안 관찰하며 느낀 정보를 누가해서 기록하게 된다. 총평에서는 학생의 인성과 특성을 종합적으로 정리하는 담임교사의 종합의견이 기재되므로, 교사 추천서를 대신할 만큼 중요한 기록이라고 할 수 있다.

서울대학교의 학생부 기록 지침에 따르면, 학생에 대한 장점뿐 아니라 단점과 변화 가능성도 입력하기를 권장한다. 세부항목으로는 잠재력과 정직, 협력, 갈등관리, 규칙준수, 인지적 특성, 자기주도학습능력, 예체능능력, 창의성 측면 등이 있어 다각적인 기술이 가능하다. 이때 학생의 학업능력에 대한 기록이 독서와 관련된 자질과 활동에 연계해서 나타난다면 가산점을 받을 수 있다.

숨어 있는 추천서

학생의 특장점

교사의 기록

객관적 활동
근거 사례

최대 500자
서술 가능

그동안 행동특성 기록에 주로 인성 영역이 기재된다고 알려져 있었지만, 학업능력 부분에서 우수한 평가를 인정받은 활동이 있다면 이 부분도 얼마든지 기록할 수 있다. 독서를 모든 학습에 기초자료로 활용하는 습관이 몸에 배어 있으면 잠재력, 자기주도성, 창의성, 학업, 기획력으로 기록되는 부분에 구체적인 사례가 녹아든 심화활동을 기재할 수 있다. 담임교사는 종합의견 항목에 학생이 학교프로그램에 적극적으로 참여해서 구체적으로 노력했다는 평가기록을 작성할 수 있도록 근거를 쌓아가야 한다.

[아쉬운 사례]

학년	행동특성 및 종합의견
2	관계지향성 : 학생회에서 학생 주도적인 봄 축제와 주관이 뚜렷한 성격으로 남다른 친밀감으로 타인과의 관계 형성에 재능이 뛰어난 학생이며, 남학생이지만 특유의 감수성과 따뜻함으로 상대방에 대한 공감능력을 가지고 있어 배려하는 모습을 갖춘 인성이 바른 학생임. 뛰어난 모습을 보임.
평가	세세한 활동 내역이 드러나지 않은 채 평가만 이어지고 있어 설득력이 떨어진다. 학생회에서 학생 주도적인 봄 축제와 주관이 뚜렷한 성격이 어떤 뜻인지 평가자는 알 수 없다. 학생부에서 내용에 강조하고 싶은 것이 무엇인지 단순히 서술을 하다 보니 문장조차도 맞지 않는 학생부다.

[독서 기반 학생부 행동특성 및 종합의견 사례]

학년	행동특성 및 종합의견
1	(총평) 이 학생은 특유의 발랄함과 재치 있는 언변을 가지고 있어 학급 친구들의 신망이 두텁고, 교과 교사들의 평판도 좋은 학생임. 예의 바른 행동과 규칙을 준수하는 모습이 몸에 밴 것도 장점인 학생임. 학교생활에 즐겁게 임하고 있으며, 《결정적 순간의 리더십》 등의 책을 읽으며 긍정적인 분위기를 전파하는 영향력 있는 리더십을 보여줌. 성적도 우수한 학생임. 매사에 적극적이고 명랑해서 급우들과의 관계도 원만하고 솔직해 당당한 모습으로 팀을 이끌어나감. 통솔력도 남다르고, 예의 바른 언행과 인사성을 갖추고 있어 학교 내의 평가가 좋음. 성격이 시원시원하고 결단력도 높아서 뜻하는 일을 당당히 주장하고, 추진력을 발휘해서 학교 내의 학생회 기획부장 2년, 성가대원, 남성 8인 중창단 활동, 응원단장 등의 역할을 감당함. 주어진 자신의 역할과 책임을 잘 알고 맡은 일들에 성실히 임함. 《공부 계획의 힘》이라는 책을 읽고 책에서 배운 내용에 따라 계획을 세우고 꾸준히 노력하는 학생임. 어떤 일이든지 리더십을 발휘해서 일을 잘 처리해내는 장점도 지님.
1	학업능력 : 끊임없는 자기계발활동을 하면서도 뛰어난 집중력과 치밀한 학습계획을 세움. 방과후학교 수업시간과 자기주도학습 시간을 이용해서 공부해서 전 과목에서 탁월한 학업성취도를 받음. 여름방학 과제를 통해 국어, 수학, 영어 과목의 부족한 점을 보충하기로 결심함. 《그물망 공부법》이란 책을 참고하는 등 계획적으로 공부하려는 열의를 보임. 국어는 상대적으로 생소한 화법과 작문, 독서와 문법 부분을 개념부터 차근차근 공부했고, 수학 또한 개념 정리를, 영어는 다양한 유형 적응을 목표로 공부함. 세 과목 모두 취약점을 보완함.
2	잠재능력 : 정치, 경제, 사회 전반에 걸쳐 다양한 관심을 보이며, 폭넓은 교양과 상식을 쌓기 위해 방학 중 개설되는 인문학 특강을 꾸준히 들음. 《멋진 신세계》,《논어》,《니코마코스 윤리학》 등의 동서양 고전을 접하고, 보고서를 제출하는 등 깊이 있는 인문학적 소양을 쌓으려 노력함. 《일본은 지금 몇 시인가》를 읽고 반한 감정에 대한 세세한 자료를 찾아 영자신문반에서 'Worsening anti-Korea feeling in Japan : Causes and Solution'이라는 제목의 기사를 작성함. 기사에는 최근 악화 일로를 걷고 있는 일본 내부의 반한 감정 실태와 원인, 그리고 해결방안까지 반영돼 있음. 이 기사는 원어민 선생님에게서 논리적이고 문법 오류가 거의 없다는 호평을 받아 '우수상'을 수상함.
2	협력 : 축제를 준비하며 학급에서 역할을 나누고, 공연할 장르를 정하는 데 자발적 협력을 이끌어냄. 《팀장이 알아야 할 프로젝트 기획과 실전》을 읽으며 프로젝트의 동력을 파악, 계획함. 또한 소품 준비, 대본 구성, 축제공연을 연습하는 과정에서 주도적인 리더 역할을 수행했고 팀이 은상을 받는 데 기여함.

2	잠재능력 : 정치, 경제, 사회 전반에 걸쳐 다양한 관심을 보이며 폭넓은 교양과 상식을 쌓기 위해 방학 중 개설되는 인문학 특강을 꾸준히 들으며 동서양 고전을 접하고 감상글을 제출하는 등 깊이 있는 인문학적 소양을 쌓기 위해 노력함. 뛰어난 영작 실력으로 '1학기 현장체험학습 영어감상문 쓰기 대회'에서 우수상을 수상함. 전공어인 중국어에서도 특히 작문 실력이 우수해서 '전공어 경시 대회'에서 대상을 받았을 뿐만 아니라 중국어 공인인증 자격시험에 도전해 좋은 결과를 얻는 등 외국어 학습능력이 뛰어남. 논리적인 사고와 꾸준한 독서활동으로 풍부한 문학적 감수성이 있어 '1학기 독후감 쓰기 대회'에서 동상, '교내 백일장 대회'에서 동상, '가족사 쓰기 대회'에서 우수상을 수상하는 등 탁월한 성과를 보임. 어렸을 때부터 읽은 다양한 지리 관련 도서로 세계 여러 나라에 대한 지리적 정보를 습득했고, 나아가 시야를 전 세계로 확대시키는 계기가 됐으며, 국제적인 문제를 연구하는 국제정치학자로서의 꿈을 기르기 시작함.

교과나 진로전공 분야에 대한 독서방법 9단계

단계	내용
1단계	교과나 진로전공 관련 서적의 내용이 어려울 수 있으므로 청소년 관련 기관이나 단체에서 추천하는 청소년 권장도서목록을 참고해서 책을 선정한다.
2단계	선정된 책의 차례를 살펴본다. 여행을 떠나기 전에 지도가 필요하듯, 차례는 책의 전체적인 내용을 그릴 때 도움이 된다.
3단계	차례에 따라 책을 대충 넘겨가며 책의 전체적인 구조와 내용을 파악한다. 책을 넘기는 중간에 눈에 띄는 부분이 있으면 읽어본다.
4단계	책의 머리말을 읽는다. 머리말에는 저자가 어떤 목적과 시각을 가지고 글을 썼는지 담겨 있다. 차례와 머리말을 읽으면 책의 전체적인 구조와 개요를 파악하는 데 많은 도움이 된다.
5단계	책을 읽기 전에 언제까지 읽을지 책을 읽는 시간부터 정해 놓는다. 평소 자신의 집중시간이나 독서시간을 고려해서 책 읽는 시간을 정하는 것이 좋다. 무리한 시간 계획은 지키기 어렵기 때문이다.
6단계	중요한 부분은 밑줄을 그으면서 읽는다. 중요한 구절이나 단어에 나름의 표시를 하는 것도 좋다(동그라미, 별표 등). 또는 중요한 내용을 요약해서 책의 여백에 기록하는 것도 좋다. 특히 책의 내용이 어려울 때는 문단별로 요약하는 것이 도움이 된다.
7단계	현재 읽고 있는 내용과 앞에서 읽은 내용을 연결시킨다. 앞에서 읽은 내용과 연결해서 전체 내용을 종합해나간다. 특히 읽는 내용이 교과 내용과 관련이 있는지, 심화할 수 있는 부분이 있는지를 파악해서 정리한다.
8단계	책을 읽은 뒤에는 밑줄 그은 부분과 메모한 부분을 중심으로 다시 한번 훑어보고 전체적인 구조와 내용을 정리한다.
9단계	독서 감상을 남기고 중요한 문구는 별도로 기록한다.

제**4**장

독서 중심
학생부 전략노트

(교육정보시스템, 2021)

영역	세부항목	최대 글자 수 (한글 기준)	비고
1. 인적·학적사항	학생 성명	20자	영문 60자
	주소	300자	
	특기사항	500자	
2. 출결상황	특기사항	500자	
3. 수상경력	수상명	100자	
	참가대상(참가인원)	25자	
4. 자격증 및 인증 취득상황	명칭 또는 종류	100자	
5. 창의적 체험활동 상황*	자유활동 특기사항	500자	
	동아리활동 특기사항	500자	
	진로활동 특기사항	700자	
	봉사활동실적 활동내용	250자	
6. 교과학습발달상황*	일반과목 세부능력 및 특기사항	과목별 500자	전문교과Ⅱ 능력단위별 500자
	체육·예술과목 세부능력 및 특기사항	과목별 500자	일반선택 과목에 한함
	개인별 세부능력 및 특기사항	500자	
7. 독서활동상황*	공통	500자	
	과목별	250자	
8. 행동특성 및 종합의견*	행동특성 및 종합의견	500자	
9. 전공·과정	1학기	60자	부전공 30자 이내 세부전공 30자 이내 복수전공 30자 이내
	2학기	60자	부전공 30자 이내 세부전공 30자 이내 복수전공 30자 이내
	비고	250자	

* 최대 글자수 기준은 학년 단위임.

※ 교육정보시스템에서 입력 글자의 단위는 Byte이며, 한글 1자는 3Byte, 영문·숫자 1자는 1Byte, 엔터 (Enter)는 2Byte임.

※ 훈령 제243호(2018. 3. 1) 이전의 적용을 받았던 학생이 복학, 재입학, 편입학 등의 사유로 제280호 (2019. 3. 1) 이후 훈령의 적용을 받아 항목별 입력 가능한 글자 수가 축소되는 경우, 학업성적관리위 원회의 심의를 통해 변경된 글자 수에 맞도록 수정해 입력해야 함.

번호	영역	확인 점검 내용	이상 없음	이상 있음	비고
1	인적사항	학생 이름, 성별, 주민등록번호가 정확하게 기록됐는가?			기본증명서
		변동된 주소를 누가 기록했는가?(도로명 주소)			주민등록등(초)본
		부모의 이름, 생년월일이 기재돼 있는가?			가족관계증명서, 가족상황입력 (정정)동의서
		인적사항의 특기사항란 기록이 바른가?(특기사항 기재는 반드시 동의를 받아야 함)			특기사항 입력동의서
2	학적사항	학적변동사항의 기록이 정확하게 돼 있는가? (학적 처리에 사용하는 용어, 변동일자, 특기사항)			
		위탁학생(소년원학교 입교, 병원학교, 화상강의시스템, 대안교육기관) 등록이 정확하게 돼 있는가?			
		이민, 유학(미인정유학 포함) 등의 처리가 올바른가?(자퇴 처리)			
3	출결상황	출결사항의 특기사항은 바르게 기록돼 있는가? (개근, 장기결석 및 기타결석 사유 입력 등)			
		일일출결관리의 비고란에 결석 사유 등을 입력했는가?			
		학교장 인정 결석의 경우 일일출결관리에 표시했는가?			
		대회 혹은 외부 행사 참여 기간에 나이스상에 출석 인정 결석으로 처리했는가? (내부결재 및 후속조치의 적정성 여부 확인)			운동부 꼭 확인
		위탁학생(소년원학교 입교, 병원학교, 화상강의시스템, 대안교육기관)의 출결처리가 정확한가?			
		학적변동자의 출결처리가 정확한가? (수업일수 중 복기간처리, 학년 이력, 인적사항, 학적사항을 제외한 중복 내용삭제)			

번호	영역	확인 점검 내용	이상 없음	이상 있음	비고
4	수상 경력	교내 상만 기재하고 있으며, 수상 사실을 수상 경력 이외의 어떤 항목에도 입력하지 않아야 하는 지침을 준수하고 있는가?			수상 경력란 이외에 '대회' 명칭 기재 불가
		동일 작품이나 내용으로 다른 상을 여러 번 수상한 경우 최고 수준의 상만 기록돼 있는가?			
		교내 상으로 인정되는 교외 상이 기록돼 있는가? (위탁교육기관(대안교육·직업과정) 및 교환학교에서 받은 수상자료)			
		수상 경력의 기록이 올바른가?(수상명, 등급(위), 수상연월일, 수여기관(주최·주관기관), 공동수상, 참가대상(참가인원))			
5	진로희망 사항	특기 또는 흥미의 기록이 구체적인 행동과 관련된 용어로 기록됐는가?(1개 이상 기록 가능, 3학년)			
		진로희망은 희망 분야나 희망직업으로 기록됐는가?(1개 이상 기록 가능, 전체 학년)			
6	창의적 체험활동 상황	자율·동아리·진로활동의 누가기록은 돼 있는가?			
		자율·동아리·진로·봉사활동의 이수시간(교육과정 내에서 실시한 실제 참여한 시간) 및 특기사항이 구체적으로 기록돼 있는가?(학생자치회·학급회 임원 재임기간 입력, 봉사활동을 제외한 특기사항 모든 학생 입력)			
		자율활동에 학교에서 실시한 의식행사, 학예행사, 보건체육활동, 수련활동, 안전구호활동, 교류활동 등이 포함돼 있는가?			
		봉사활동의 누가기록이 정확한가?(학교·개인의 명확한 구분 여부(봉사계획 주체에 따름), 1일 8시간 초과 및 기간 중복 여부, 봉사활동 인정기관 여부)			정규교육과정 내 봉사활동 학교장 명의 확인서
		학교스포츠클럽 누가기록 및 이수시간, 특기사항이 기록돼 있는가?(17시간 미만은 특기사항 기재 불가)			
		기록하면 안 되는 창의적 체험활동(특히 해외 창의적 체험활동·교외체험학습활동)을 기록했는가?			학교장이 승인없인 기록 불가
		학적변동자(전입생, 전출생, 재입·편입생)의 창의적 체험활동이 기록돼 있는가?(학적변동일까지 실제 이수시간 기록, 전입생 합산 기록)			
		구체적인 특정 대학명, 기관명, 상호명, 강사명은 입력하지 않아야 하는 지침을 준수하고 있는가?			

번호	영역	확인 점검 내용	이상 없음	이상 있음	비고
7	교과 학습 발달 상황	나이스로 성적처리를 했는가?			
		학적변동자의 성적기록이 정확한가?(중복된 경우 새로 취득한 성적 인정)			
		학적변동자의 교육과정편제에 의한 교과 학습발달 상황의 교과목 누락이 없는가?			
		학년별 총 이수시수가 교육과정의 총 이수시수와 일치하는가?			
		수업 참여 태도와 교과(목)별 성취기준에 따른 과정중심의 구체적 기록이 이뤄졌는가?			
		기록하면 안 되는 사항, 특히 공인어학시험(토플, 토익, 탭스등) 성적, 각종 인증 사항, 교외수상 등을 기록했는가?			모의고사 관련기재 불가
		방과후학교활동 상황을 입력 예시에 맞게 기록했는가?(교과·비교과 포함, 계획된 시간 입력 여부)			
		동점자 처리 규정 및 결시자 등에 대한 인정점의 수기계산 시 소수점 처리는 바르게 했는가?			
		교양교과 개설 운영 시 이수여부와 특기할 만한 사항이 있는 학생에 한하여 기록돼 있는가?			
		학기 말 성적산출 이전 학적변동자의 성적이 입력돼 있는가?			
		집중이수로 인한 전입생 미이수 교과에 대한 기록이 정확한가?			
8	독서활동 상황	개인별·교과별 독서활동에 특기할 만한 사항이 있는 학생에 대해 학기말에 입력했는가?			독서교육종합지원 시스템 증빙자료 바탕으로 기재
		학생이 읽은 책의 제목과 저자만 기재했는가?			
9	행동특성 및 종합의견	행동특성 및 종합의견의 누가 기록을 했는가?			3회 이상
		학생의 변화와 성장 과정을 누가기록을 바탕으로 구체적인 표현을 통해 기록하고 있는가?			교사추천서가 되도록 작성 요망

번호	영역	확인 점검 내용	이상 없음	이상 있음	비고
10	기타	졸업생의 졸업대장번호가 기록돼 있는가? (20○○.02 졸업생)			
		담임교사의 입력(변경 등)이 정확한가?			
		학년, 학과, 반, 번호의 기록이 정확한가?			
		정해진 규격의 사진이 모두 입력돼 있는가? (3학년 여권용 사진)			
		학교생활기록부 최초 및 추가 권한 부여가 적정하 게 이뤄졌는가?			
11	자료의 보존 (20○○. 02 졸업생)	법정장부(졸업대장, 정정대장(증빙서류 포함))의 종이 출력물(수기 결재)과 전산자료를 보존하고 있는가?			이관 결재 및 기록물 인수인계
		학업중단자의 학교생활기록부에 입력된 모든 사항 을 학적변동일 기준으로 입력해 정리한 후 전산자 료로 보관하고 있는가?			
12	자료의 정정	학교생활기록부 정정 시 정정대상자의 정정사유 증빙서류를 첨부해 학교 학업성적관리위원회 심의 절차를 거친 후 학교생활기록부를 결재 절차를 거 쳐 항목별로 정정했는가?			인적사항은 심의생략
		학교생활기록부 정정대장 사용 시 정정 내용을 정 확하게 기록했는가?(정정 사항의 오류 내용·정 정 내용·정정 사유)			학생부 정정대장은 반드시 학교장 결재를 받아야하며 4단결재가 원칙임. (증빙서류는 반드시 교무부로 제출)
		학교생활기록부 정정은 객관적이고 명확한 오류일 경우에만 국한하고 관련 지침을 준수했는가?(부당 정정 여부)			
		학교생활기록부 정정 시 증빙서류를 같이 보관하 고 있는가?(학교생활기록부 오·탈자 정정 시 증빙서류로 정정 전의 학교생활기록부 출력물)			
		학교생활기록부Ⅱ 출력물과 3회 이상 대조·확인 및 본인 확인하고 있는가?			
		학폭 조치사항을 특기사항에 입력하고 졸업 후 삭 제했는가? – 졸업생 행특에 1,2,3,7호가 있으면 안 됨. – 졸업 2년 후 4,5,6,8호가 있으면 안 됨.			학폭 조치사항 입력 삭제 여부 꼭 확인

〈출처 : 대구교육청자료〉

• 점검 기간과 담당교사를 꼭 확인하자

학교생활기록부의 점검 및 확인 기간은 언제일까? 학교마다 일정이 다를 수 있으니 자신의 학교일정을 확인해야 한다.

학기	대상 학년	차수	점검 및 확인 기간
1학기	3	1	8월 3일~8월 9일
	1, 2	1	8월 9일~8월 16일
	3	2	8월 10일~8월 29일
2학기	3	3	11월 27일~11월 29일
	1, 2	2	다음 해 2월 3일~10일
	1, 2	3	다음 해 2월 12일~26일

학교생활기록부 점검 확인 내용은 어느 선생님이 할까? 다음의 표와 같다.

항목	담당교사
진로희망	담임교사
창체 자율·동아리·봉사 특기사항	자율활동(담임교사), 동아리활동(지도교사) 진로활동(진로상담교사, 담임교사)
교과 학습발달 상황 세부능력 및 특기사항	교과담당교사, 담임교사 (교과가 없거나 비교과는 담임교사)
행동특성 및 종합의견	담임교사

• 학교알리미를 꼭 확인하자

나의 학교생활을 미리 파악하려면 우리 학교 알리미를 찾아서 교과 및 학교에 대한 정보를 알아두고 학교생활을 계획해야 한다. (http://www.schoolinfo.go.kr)

① 학생현황에 들어가서 졸업생의 진로현황을 찾아보고, 선배의 진로를 파악하자.

② 학교교육과정 편성·운영 및 평가에 관한 사항을 참고하자. 우리 학교의 교육과정 계획을 미리 파악하자. 연간 학사 일정을 보고 워크북에 기록해서 계획하고, 활동하고, 기록하라.

  • 교내 행사 : 창체활동 자동봉진(자율활동, 동아리활동, 봉사활동, 진로활동) 일정 기록.

  • 교내 대회 : 수상 명 체크 후 계획해서 참여하고 수상실적이 없어도 참가근거와 내용을 기록해두라.

  • 동아리활동 및 방과후학교 등을 확인해서 내 계획에 반영하라. 동아리 종류를 미리 파악해서 가입 계획을 세우라.

  • 교육운영 특색사업 계획을 확인하라.

③ 교과별(학년별) 평가계획을 확인하라.

중간기말 시험 범위와 평가방법을 숙지하고 꼼꼼하게 관리하자.

01 　 학생부 계획 설계노트

1) 학생부 연간 비교과 로드맵 설계 (1년 계획/월별 일정기록)

　각 학교 학사일정과 학교 알리미를 참고해서 선택할 활동을 계획에 적고 준비하자.

학기	월별	연간 공통 중심스케줄	선택 활동계획	준비할 것
방학	1월	방학 독서계획		
	2월	학사일정 확인 수상목표 수립 동아리목표 수립 봉사목표 수립		
1학기	3월	동아리 가입 및 창설 임원선거 대비 독서 소모임 결성(권장사항) 자율동아리(1인 1독서클럽 동아리활동 필수 권장) 학교 환경 정화를 위한 아이디어 글짓기 대회 사이언스 페스티벌 교재 경진 대회(전 학년)		

학기	월별	연간 공통 중심스케줄	선택 활동계획	준비할 것
1학기	4월	과학 독후감 대회 탐구 토론 대회 과학탐구 교내 대회 학교폭력예방 정책 발표 대회 융합과학탐구 대회 논술 쓰기 대회		
	5월	인문 논술구술 대회 독후감 대회 진로상담(진로독서 권장) 자기소개서 쓰기 대회 가우스상(수학), 뉴턴상(물리), 아보가드로상(화학), 멘델상(생명과학), 베게 너상(지구과학(3학년)) 교내 체육 대회 영어 디베이트 대회 수학여행 테마 사진전 창업 독후감 대회 통계 포스터 대회 체험학습 보고서 쓰기 백일장 대회 봉사상 수학마인드맵 대회		
	6월	각 분야별 연구활동 교내 경시 대회 독서 한자 경시 대회 독서퀴즈 경시 대회 한문 학력왕 선발 대회 창의 미술 실기 대회 시사 상식왕 선발 대회 흡연(약물·비만) 예방 공모전(전 학년) 독후감 쓰기 대회 나라 사랑 대회(전 학년) '나도 지구지킴이' 실천사례 대회(전 학년) 수학과 연극 대회 수학 독서 대회 수학 활동 대회 수학 문제 대회		

학기	월별	연간 공통 중심스케줄	선택 활동계획	준비할 것
1학기	7월	기말고사 비교과 누락 기록 보충 자서전 쓰기 대회 진로체험 자기소개서 경진 대회 각종 진로강연 학술심포지엄 우수 진로플래너 표창 학교폭력예방 정책의 효율성 연구 대회 봉사상(전 학년) 우수 다독 학생(전 학년) 포트폴리오 경진 대회 교내 스포츠클럽 대회		
방학	8월	방과후수업 관련 독서활동계획 및 실행 설명회 참석 2학기 학급임원선거 준비 동아리활동 기록점검 자율동아리 우수자(전 학년) 수학 R&E 소논문 대회		
2학기	9월	인문학 심포지엄 독서 어휘 경시 대회 UCC 경진 대회 동아리활동 발표 대회, 체육 대회/축제에서 자신의 역할 희망 계획 역사 장원 선발 대회 발명품 아이디어 대회 독서 퀴즈 대회(전 학년) 영어 Essay 쓰기 대회		
	10월	독서 경시 한국사 경시 진로상담 주간 중간고사 체험학습 보고서 쓰기 대회(전 학년) 독후감 쓰기 대회 창의인성교육을 위한 소그룹 탐구활동 보고 서 발표 대회(1,2학년) 수학마인드맵 대회 통계 포스터 대회		

학기	월별	연간 공통 중심스케줄	선택 활동계획	준비할 것
2학기	11월	자율활동 성과 발표 대회 과학수학 논문 발표 대회 인문사회 논문 발표 대회 수능-고3 자치 토론회 창의 프로젝트 대회 창의적 특색활동 보고서 작성 대회(전 학년) 창의적 특색활동 결과물 및 포스터 전시 대회 포트폴리오 경진 대회 수학 UCC 대회(1학년) 자기소개서 쓰기 대회 창업 포트폴리오 대회		
	12월	R&E 과학탐구 대회 각종 탐구보고서 대회 봉사활동 체험수기 대회 2학기 비교과 정리 점검 후 누락 보충 방학 중 비교과 계획 우수 진로 플래너 표창 나의 진로 로드맵 발표 대회(1학년) 중국어 경시 대회 일본어 경시 대회(2학년) 영어 연극 UCC 대회 UCC 공모전(3학년) 자율동아리 우수자 봉사상(전 학년) 우수 다독상(전 학년)		

2) 학생부 현재 기록사항 체크표(현재 활동명 기재)

	( ) 학년	확인
1. 인적사항	학교 기록에 준함	
2. 학적사항	전학 온 경우 기록 누락 확인	
3. 출결사항	출결은 기본/잦은 지각 주의/병결은 사유 기재 필수/무단결석 실점의 중요 원인	
4. 수상 경력		
5. 자격증 인증		
6. 진로희망		
7. 창의활동	자율활동	
	동아리활동	
	자율동아리	
	봉사활동	
	진로활동	

8. 교과 학습 발달 상황 세부특기 능력 사항		
9. 독서활동		
10. 행동특성 종합의견		

3) 비교과 성적 세부 설계표(1~3년 활동계획)

(1) 수상 실적 목표계획

No	수상명칭	분야	년/월/일
1			
2			
3			
4			
5			

(2) 자율활동 목표계획

학년	활동명	자신의 역할	의미와 보람
1			
2			
3			

(3) 동아리활동 목표계획

자율동아리활동을 안 하더라도 독서클럽은 1인 1독서클럽 활동을 권장한다.

No	동아리명(정규/자율/독서)	활동예정계획	전공 적합성 관련
1		1학기 :	인문, 사회, 교육, 예체능/ 자연, 공학, 의학, 기타
		2학기 :	인문, 사회, 교육, 예체능/ 자연, 공학, 의학, 기타
2		1학기 :	인문, 사회, 교육, 예체능/ 자연, 공학, 의학, 기타
		2학기 :	인문, 사회, 교육, 예체능/ 자연, 공학, 의학, 기타
3		1학기 :	인문, 사회, 교육, 예체능/ 자연, 공학, 의학, 기타
		2학기 :	인문, 사회, 교육, 예체능/ 자연, 공학, 의학, 기타

(4) 봉사시간 목표계획

학년	개인 봉사시간	학교 봉사시간	시간 합계
1	시간	시간	시간
2	시간	시간	시간
3	시간	시간	시간

(5) 진로활동 목표계획

번호	활동한 학기 수	진로 관련 활동 목록 쓰기	준비사항
1	1학기:	진로탐색체험활동 온라인 진로 강의 듣기 각 대학 온라인 진로체험 신청	
	2학기:		
2	1학기:		
	2학기:		
3	1학기:		
	2학기:		

(6) 각종 보고서 목표계획(R&E, 소논문 활동, 탐구보고서, 수행평가보고서, 프로젝트보고서)

번호	보고서 명칭	분야
1		
2		
3		
4		
5		

(7) 임원활동 목표계획

학년	임원경력	활동한 학기와 임원명칭
1	전교임원/학생회/학급임원/ 동아리임원/기타 임원활동	1학기 : 2학기 :
2	전교임원/학생회/학급임원/ 동아리임원/기타 임원활동	1학기 : 2학기 :
3	전교임원/학생회/학급임원/ 동아리임원/기타 임원활동	1학기 : 2학기 :

(8) 세부능력 및 특기사항의 교과별 기록용 기초 사례 자가 계획 기록지

학년	교과	해당 교과 세부활동 키워드
공통 교과목	국어	
	수학	
	영어	
	사회(도덕)	
	과학	
	예체능	
선택과목		

(9) 행동특성 및 종합의견란 활동 기록용 기초 사례 자가 계획 기록지

학년	행동특성 및 종합의견 기록 가능 영역 (자유롭게 학생 장점과 연결 기록 가능)	학교활동 중 행특 영역과 연결되는 사례 키워드 기록
	배려	
	나눔	
	협력	
	갈등관리	
	리더십	
	존중	
	성실성	
	긍정성	
	( )소양	
	뚜렷한 목표의식	
	규칙준수	
	관계지향성	
	기타(효)	
	기타(소통능력)	
	기타(전공 적합성)	
	기타(학업능력)	
	기타(기획능력)	
	기타(독서능력)	
	기타( )	
	기타( )	
	기타( )	
	기타 예시 : 학생 개인의 장점과 특기를 살려서 키워드로 만들어 써주면 된다.	

02 독서 중심 학생부 노트 작성 방법

1) 독서 중심의 수상 경력을 챙겨라

Q. 교외 수상은 학생부에 기록이 안 되는데 따야 하나요?

A. 모든 실력은 자신에게 누적되는 역량이다. 자신의 진로 분야에 맞는 수상 경력은 학업능력 및 개인 역량을 향상시키고, 진로탐색에 도움이 된다. 몸을 사리지 않고 적극적으로 도전하고 기록해서 증빙자료로 활용할 것을 권한다.

2) 자격증 취득상황 기록 노트

Q. 자격증은 공부를 잘 해야만 따나요?

A. 전공 심화학습으로 자격증을 딴다면 서류평가에서 좋은 점수를 얻을 수 있다. 그러나 학교 성적을 먼저 챙기고 나서 방학을 이용해서 자격증을 따보자. 성적이 1~2등급 정도 나오는 상태에서 자격증 취득을 하면 더욱 좋겠지만, 어려운 경우는 3~4등급이라고 하더라도 컴퓨터 관련 자격 취득이나 관련된 자격에 도전한다면, 비슷한 등급의 다른 학생들에 비해서 서류평가에서 도전정신과 실행력을 증명할 수 있는 근거가 된다.

3) 진로희망사항

진로희망사항 기록은 진로활동(학년별 700자)에 기록이 가능하다.

Q. 진로정리가 중요한가요?

A. 학교에서 진로를 검사할 때 진지하게 임하라. 진로 및 흥미도, 가
치관, 성취도검사, 강점검사 후 모든 자료를 종합·검토하는 상담
시간이 반드시 필요하다. 학교 위클래스의 도움을 받거나 전문가
에게 종합 상담을 받기를 권한다.

4) 창의적 체험활동 상황 – 자율활동(2020년부터 500자 개편)

Q. 학교 자율활동에 많이 참여했는데 의미 있는 기록이 없어요.

A. 자율활동에서는 학교 행사를 나열하는 것은 피해야 한다. 학생의
활동 중 의미 있는 활동이 없다면 학교 행사가 아무리 많아도 좋
은 평가를 받을 수 없다.

**Q. 자연계열 희망 학생인데 고등학교 1학년 1년간 문과 관련 자율활
동을 위주로 했어요. 이럴 때는 어떻게 해야 하는지요?**

A. 자연계열 희망 학생인데 문과 관련 자율활동만 주로 해왔다면 전
공 적합성이 맞지 않는다고 평가받는다. 물론 자연계열을 희망하
는 학생도 독서 분야에서는 계열에 관계없이 다양한 분야의 책을

읽는 것이 더 좋은 평가를 받을 수 있다.

고등학교 2학년 1년간 자연계열 관련 동아리활동과 학교 행사에 집중하고, 교과 수행평가 심층자료 탐구, 세특과 자연계열 독서에 집중하면 문제는 없다.

5) 창의적 체험활동 상황 – 동아리활동(학년별 500자)

Q. 자율동아리활동은 없어지나요?

A. 2022년 이후에는 자율동아리는 학년당 1개의 기록이 가능하다. 앞서 언급했듯이 독서동아리활동이나 선택 분야 소모임 스터디활동을 하라. 학교 기록 여부와 관계없이 실력을 쌓는다는 접근이 옳은 선택이다.

6) 창의적 체험활동 상황 – 봉사활동(2020년부터 기록 삭제)

Q. 봉사는 어떤 종류를 해야 하나요? 꼭 진로와 맞는 봉사만 해야 하나요?

A. 봉사활동을 꼭 입시를 위한 것이라 생각하지 말고, 몇 가지 선택지 중에 경험해보고, 적성과 자신에게 맞는 봉사 종류를 골라서 꾸준히 월 1회, 주 1회, 격주, 격월 등으로 진정성 있게 참여하고 그 경험을 기록하라. 진로와 맞지 않더라도 어려운 이들과 소통했던 이야기, 진정한 마음의 교류, 상대에게 알맞은 봉사인지, 지속

적인지가 더 중요하다. 학교 내에서 온라인으로 할 수 있는 진로봉사프로그램을 진행하기 위해 기회를 만들고 있다.(예 : 손소독제 제조, 과학의 날 행사 운영, 지역사회 재능기부, 생태환경 보존, 융합과학 체험부스 외)

7) 창의적 체험활동 상황과 진로활동(학년별 700자)

Q. 전공학과 선택이 어려워요.

A. 내가 전공하고 싶은 학과가 있다면 어떤 학과인지, 전공학과를 통해서 무엇을 배우고 싶은지, 전공학과와 관련된 대학교 홈페이지에 들어가서 커리큘럼을 보고, 내가 배우고 싶은 과목을 10가지만 찾아 써보자. 우선순위를 정해서 10가지를 추려본다면 내가 좋아하는 과목에 대한 성향 분석을 할 수 있다. 직업검사 후 탐색노트를 기록하자. 흥미 있는 해당 분야 전문 직업을 조사해보자. 직업명, 알게 된 경로, 책, 신문, 뉴스, 영화, 직업체험 또는 기타하는 일에 관심을 갖게 된 이유를 떠올려보고 조사해보자.

8) 교과 학습발달 상황 기록을 챙겨라

- 일반과목 세부능력과 특기사항(과목별 500자)
- 개인별 세부능력과 특기사항(500자)
- 예체능과목 세부능력과 특기사항(과목별 500자)

• 개인별 특기사항(500자)

Q. 세부능력 특기사항은 학생이 어떻게 활동계획을 세우나요?

A. 교과 학습발달 상황은 교과 역량을 증명하는 기록이다. 배우고 익힌 과정, 성장한 과정을 학교 교과 수업 시간에 결과로 남겨야 한다. 독서를 통한 교과 학습 역량을 키운 독서이력의 증빙자료는 독서활동 수행평가기록, 논문 읽기 후 기록, 교과 단원과 연결된 독서기록으로 다양하게 활용된다. 학교 교과 단원의 학업은 분야별 독서력을 토대로 만들어가자.

9) 독서활동 상황(수강 과목별 250자/공통과목 500자)

Q. 독서기록이 축소된 건 아닌가요?

A. 독서활동 상황 기록의 변천사는 파란만장하다. 학생마다 500자에서 빈칸까지 다양한 기록의 모습을 보여줬던 파트다. 독서기록이 책제목과 출판사, 저자 기록으로 바뀌게 되면서 독서기록의 비중 축소로 이해하는 학생은 생각을 바꿔야 한다. 독서활동상황은 책제목만 학생부에 기록이 된다고 해도 독서기록을 남겨둬야 교과 연계활동에 응용이 가능하다. 2021년 고1 학생인 경우, 면접 준비 때 기초자료로 활용해야 한다. 기록의 글자 수에 너무 맞추려고 하지 말고 독서노트 기록을 꾸준히 해두자.

학생부에는 기재하되 대입 미반영이 된다. 대입 미반영이 곧 독서

역량의 중요성을 간과하는 독서 무용론으로 오해해 독서기록 부재로 이어지지 않을까 우려스럽다.

10) 행동특성 및 종합의견(학년별 500자)

Q. 행동특성 및 종합의견의 경우 선생님이 기록하시는 고유의 영역인데, 학생인 제가 어떻게 활동하고 기록할 수가 있나요?

A. 행동특성 및 종합의견 이하 행특에서의 인성과 핵심요소들을 교사가 기록하는 근거는 학생의 활동 사례를 보고 인정하는 범위에서 기록할 때 필요하다. 그러므로 학생이 키워드와 연결되는 활동을 했을 경우 사례를 사실대로 기록을 해둬야 유리하다.

행동특성 인문학 독서노트 사례 : 인문학적 소양을 쌓기 위해 책 읽기를 했던 근거를 담임교사에게 제출해서 어필하면 기록이 가능하다.

전공 불문하고 교과 관련 독서와 인문독서의 중요성은 강조되고 있다. 읽고 기록하고 자신의 진로 관심 분야와 연결해보고 탐구보고서, 수행평가 과제와 연결해보자.

03 학생부 전체 기록
자가 점검^(고1~3학년 기재)

1) 출결 상황

자신의 학생부에 기재된 내용을 아래 표에 메모해보고 활동을 보충해나가자.

구분	1학년	2학년	3학년	합계
무단결석 일수				일
무단지각 일수				일

2) 수상 실적^(2023학년도 대입~2024학년도 대입 : 기재하나 미반영)

No	수상명	분야	년/월/일
1			
2			
3			
4			
5			
6			
7			
8			
9			
10			
11			
12			
13			
14			
15			

3) 자율활동

학년	활동명	자신의 역할	의미와 보람
1			
2			
3			

4) 동아리활동<small>(2024학년도 대입 자율동아리 기재하나, 대입 미반영)</small>

No	동아리명(정규/자율)	활동한 학기 수	전공 적합성 관련
1		1학기:	인문, 사회, 교육, 예체능/ 자연, 공학, 의학, 기타
		2학기:	인문, 사회, 교육, 예체능/ 자연, 공학, 의학, 기타
2		1학기:	인문, 사회, 교육, 예체능/ 자연, 공학, 의학, 기타
		2학기:	인문, 사회, 교육, 예체능/ 자연, 공학, 의학, 기타
3		1학기:	인문, 사회, 교육, 예체능/ 자연, 공학, 의학, 기타
		2학기:	인문, 사회, 교육, 예체능/ 자연, 공학, 의학, 기타

5) 봉사시간<small>(2024학년도 대입 개인봉사 기재하나, 대입 미반영)</small>

학년	개인 봉사시간	학교 봉사시간	시간 합계
1	시간	시간	시간
2	시간	시간	시간
3	시간	시간	시간

6) 진로활동 기록

번호	활동한 학기 수	진로 관련 활동 목록 쓰기	준비사항
1	1학기:	진로탐색활동,	
	2학기:		
2	1학기:		
	2학기:		
3	1학기:		
	2학기:		

7) 각종 보고서 기록

R&E, 소논문 활동, 탐구보고서, 수행평가보고서, 프로젝트보고서를 기록한다.

번호	보고서 명칭	분야 기록
1		
2		
3		
4		
5		

8) 임원활동 유무 점검

학년	임원경력	활동한 학기와 임원명칭
1	전교임원/학생회/학급임원/ 동아리임원/기타 임원활동	1학기: 2학기:
2	전교임원/학생회/학급임원/ 동아리임원/기타 임원활동	1학기: 2학기:
3	전교임원/학생회/학급임원/ 동아리임원/기타 임원활동	1학기: 2학기:

9) 세부능력 및 특기사항의 교과별 세부설명 기재 유무 점검

학년	교과	해당 교과 세부설명 기재 여부
	국어	기록됨 / 기록내용 없음
	수학	기록됨 / 기록내용 없음
	영어	기록됨 / 기록내용 없음
	사회(도덕)	기록됨 / 기록내용 없음
	과학	기록됨 / 기록내용 없음
	예체능	기록됨 / 기록내용 없음
	기타(　　　)	기록됨 / 기록내용 없음
	기타(　　　)	기록됨 / 기록내용 없음
	기타(　　　)	기록됨 / 기록내용 없음
	기타(　　　)	기록됨 / 기록내용 없음
	기타(　　　)	기록됨 / 기록내용 없음
	기타(　　　)	기록됨 / 기록내용 없음
	기타(　　　)	기록됨 / 기록내용 없음
	기타(　　　)	기록됨 / 기록내용 없음
	기타(　　　)	기록됨 / 기록내용 없음

10) 행동특성 및 종합의견란 교사의 의견 기재 유무 점검

학년	행특 기록 가능 영역	해당 의견 세부설명 기재 여부
	배려	기록됨 / 기록내용 없음
	나눔	기록됨 / 기록내용 없음
	협력	기록됨 / 기록내용 없음
	갈등관리	기록됨 / 기록내용 없음
	리더십	기록됨 / 기록내용 없음
	존중	기록됨 / 기록내용 없음
	성실성	기록됨 / 기록내용 없음
	긍정성	기록됨 / 기록내용 없음
	(인문학적) 소양	기록됨 / 기록내용 없음
	뚜렷한 목표의식	기록됨 / 기록내용 없음
	규칙준수	기록됨 / 기록내용 없음
	관계지향성	기록됨 / 기록내용 없음
	기타(효)	기록됨 / 기록내용 없음
	기타(소통능력)	기록됨 / 기록내용 없음
	기타(전공 적합성)	기록됨 / 기록내용 없음
	기타(학업능력)	기록됨 / 기록내용 없음
	기타(기획능력)	기록됨 / 기록내용 없음
	기타(독서능력)	기록됨 / 기록내용 없음
	기타( )	기록됨 / 기록내용 없음
	기타( )	기록됨 / 기록내용 없음
	기타 예시 : 학생 개인의 장점과 특기를 키워드로 만들어 써주면 된다.	

모든 입시를
독서로 준비하라

　교육 현실이 미래지향적인 방향으로 개선돼야 한다는 데는 이견이
없다. 학생부종합전형은 학생의 충실한 학교생활과 개인의 특별한 소
질에 초점을 맞춰 다양한 능력을 평가한다는 면에서 미래지향적이다.
비교과 활동 반영비율이 높아지면서 과도한 스펙 쌓기보다는 교과 세
부특기사항의 강점 살리기 프로젝트와 다양한 수행평가를 통해 학구적
인 역량이 반영될 수 있게 된다면 학교교육 정상화와 교육격차 해소에
크게 기여할 수 있을 것이다. 일부 문제점은 지속적인 개선을 통해 발
전적으로 풀어가야 한다.

　학생부종합전형으로 대학에 입학한 학생들의 학업성취도는 정시전형
입학생의 중도탈락률을 감안할 때 현저히 높다. 학생부종합전형의 일
부 문제점이 부각돼 있긴 하지만, 많은 부분에서 긍정적인 역할을 하고
있다. 그 대표적인 근거는 수시모집 선발 인원이 정부의 수시 축소 규
제 이전 정시모집에 비해 지속적으로 증가했다는 데이터에 나타나 있

다. 교사들의 다양한 목소리를 반영하고, 각계의 건의사항을 수렴해 개선된 학생부종합전형에 따르면 학생부 비교과 영역의 반영 폭이 일부 축소됐고, 학생과 학부모의 부담도 줄어들었다.

학교생활 평가와 기록의 공평성에 대한 신뢰성 확보를 위해 교과 세부능력과 특기사항의 작성이 모든 학생을 대상으로 의무화 방향도 논의되고 있다. 기존의 교과 세부능력 특기사항에서 학생에 따라 편차가 극심하던 교과별 세부특기사항 기록의 불공정성이 줄어드는 효과가 있을 것으로 본다. 교과 활동이 그만큼 중요해진 데다 모든 학생을 대상으로 활동 평가를 기록하도록 함으로써 성적이 우수한 학생들 중심의 특혜 시비를 차단하는 공정성의 확보라는 긍정적 의미를 담고 있다.

학업성취도 평가뿐만 아니라 학교생활기록 전반에 대해 활동 상황과 성장 과정의 특장점을 기록하는 데 중점을 두도록 한 것도 돋보인다. 교과 역량을 상세하게 기록할 수 있도록 서술형만으로 기록하는 교과 세부능력 특기사항에 과목명, 과목별 세부능력 체크리스트를 추가한 점도 주목할 만하다. 예를 들어 작문능력, 감상능력, 발표능력, 의사소통능력, 논리적 사고력, 창의적 사고력, 학습능력 등 교과 세부능력과 학생의 다양한 특기사항 발현이 추가로 기록된다.

그렇다면 독서가 연결되는 가장 중요한 지점은 무엇인가? 교과 세부능력인 교과 역량이다. 독서를 학업역량과 연결함으로써 모든 탐구를 위한 활동이나 자료에 독서를 녹여내야 한다. 책뿐만 아니라 논문, 잡지 등의 자료와 미디어까지도 학생들이 학업에 참고할 수 있어야 한다. 독서와 교과목 수업을 끊임없이 연결하고 더 깊이 파고들어 탐구하며 다양한 지식정보를 융합해야 한다. 그렇게 해서 새로운 지식을 탄생

시킬 수 있어야 한다. 안타깝게도 제도가 바뀌는 것은 개인이 혁신적으로 인식해서 자기 행동을 바꾸는 시간보다 더 늦을 수밖에 없다. 지금 당장 행동하자. 이 책의 반이라도 따라 하며 꼼꼼히 기록한다면 반드시 원하는 입시에 성공할 수 있을 것이다. 또한 단순한 스펙 쌓기에 머물지 않고, 자기 이해를 기초로 한 통찰력까지 얻게 될 것이다.

학생생활기록부에 기록할 활동을 벼락치기로 메운다는 것은 말도 안 된다. 기록하고, 모아두고, 정리해서 근거로 제출해야 한다. 자신의 활동을 체크하고, 정리한 후 교사에게 증명자료로 제출하라. 정직하게 사실만 기록하자. 학교생활기록부 작성은 절대 어려운 일이 아니다. 꾸준함과 진정성이 깃든 학생생활기록부를 작성해보자. 학교생활 내내 갈등만 일으키는 비교과 영역 관리가 어렵다는 생각부터 바꾸자. 결코 어렵지 않다. 포기하면 입시가 더 어려워진다. 입시를 위해 사교육을 받는 학생들이 많은데 진짜 자신에게 필요한 부분만 사교육의 도움을 받고, 독서의 힘을 믿기 바란다.

마지막으로 꼭 강조하고 싶은 부분이 있다. 담임교사는 학생생활기록부 관리에 많은 영향을 미치는 존재이자 조력자다. 담임교사를 어려워하지 말고 자주 찾아뵙고, 기록사항을 함께 만들어가기를 권한다. 선생님에게 부족한 부분의 조언도 구하고, 자신의 꿈과 비전에 대해 열정적으로 어필하자. 제자가 조언을 구하는데 거절할 선생님은 아무도 없다. 선생님과의 친밀한 관계 유지는 성적에도 긍정적인 영향을 미친다는 점을 잊지 말자.

부록

내가 하는
독서목록 설계표

01 고등학교 세부특기 교과별 추천도서 목록 200권

고등학교와 공공기관에서 추천하는 도서를 기반으로 선정한 교과별 세부목록이다. 학교 교과에 해당하는 도서목록을 고르고, 학생부 연계도서 연간 로드맵을 계획하자. 추천도서와 키워드를 중심으로 여러분이 직접 학교 교과 수업의 수준을 높이기 위한 교과 관련 독서활동을 시작해보자.

교과목	책제목	저자	출판사
국어	서유기 1~10	오승은	솔
	선생님과 함께 읽는 우리 시 100	최성수 외	실천문학사
	신화 그림으로 읽기	이주헌	학고재
	역사란 무엇인가	E. H. 카	까치
	오이디푸스 왕	소포클레스	문예출판사
	신화의 세계	조지프 켐벨	까치
	칼의 노래	김훈	문학동네
	향연 : 사랑에 관하여	플라톤	문학과지성사
	몰입의 즐거움	미하이 칙센트미하이	해냄
	한글에 대해 알아야 할 모든 것	최경봉 외	책과함께
	엄마를 부탁해	신경숙	창비
	나의 가치를 높여주는 화술	안은표	시아출판사
	낯선 곳에서 나를 만나다	한국문학인류학회	일조각
	디지털 시대의 문화 읽기	최혜실	소명출판
	정지용 전집	정지용	민음사

교과목	책제목	저자	출판사
국어	데카메론	조반니 보카치오	서해문집
	무정	이광수	문학과지성사
	멋과 한국인의 삶	최정호	나남출판
	백범일지	김구	돌베개
	사이버 사회의 문화와 정치	홍성태	문학과학사
	언어를 통해 본 문화 이야기	김동섭	신아사
	우리가 정말 알아야 할 우리말 바로 쓰기	이수열	현암사
	착한 미개인 동양의 현자	프레데릭 불레스텍스	청년사
	한국 구비 문학의 이해	강등학 외	월인
	한국 문학의 이해	서덕주	형설출판사
수학	오일러가 사랑한 수 e	엘리 마오	경문사
	수학적 발견의 논리	임레 라카토스	아르케
	이야기 파라독스	마틴 가드너	사계절
	수학나라에 바보는 없다	존 알렌 파울로스	푸른산
	밀림으로 간 유클리드	조지프 마주르	한승
	무한의 신비 : 수학, 철학, 종교의 만남	애머 액젤	승산
	새빨간 거짓말, 통계	대럴 허프	더불어책
	바보들의 수학잔치	나카무라 기사쿠	홍
	뷰티풀 마인드	실비아 네이사	승산
	사고력을 키우는 수학책	오카베 츠네하루	을지외국어
	생각하는 수학	야노 겐타로	사이언스북스
	수리철학	이건창	경문사
	수리철학의 기초	버트런드 러셀	경문사
	수학 먹는 달팽이	아르망 에르스코비치	까치
	수학 유전자	케이스 데블린	까치
	수학공부 개념 있게	고중숙	푸른나무
	수학교과서, 영화에 딴지 걸다	이재진	푸른숲
	수학의 스캔들	테오니 파파스	경문사

교과목	책제목	저자	출판사
영어	가짜 영어사전	안정효	현암사
	네이티브는 쉬운 영어로 말한다	박수진	길벗이지톡
	만화로 보면서 배우는 영어 삼국지 1~20	21세기 영어교육연구회	태동출판사
	영화 속 명대사	김태연	사람in
	The Giver	Louis Lowry	HMH
	Tuesdays with Morrie	Mitch Albom	Bantam Books
	Who moved My cheese	Spencer Johnson	Putnam
도덕/윤리	간디 자서전	간디	한길사
	나의 북한문화유산 답사기	유홍준	중앙 M&B
	도덕을 위한 철학 통조림 1~2	김용규	주니어김영사
	철학, 논술에 딴지 걸다	문우일	명진출판사
	16살 소크라테스 세상을 따라잡다	이영호	흙마당
	공자 지하철을 타다	김종옥 외	탐
	결혼·여름	알베르 카뮈	책세상
	고도를 기다리며	사무엘 베케트	민음사
	나와 너	마르틴 부버	대한기독교서회
	살며 생각하며	황수남	누리달
	퇴계 달중이를 만나다	김은미 외	탐
	거짓말을 하면 얼굴이 빨개진다	라이너 에를링어	비룡소
	논리를 모르면 웃을 수도 없다	박우현	책세상
	철학콘서트 1~3	황광우	생각정원
	논어 사람의 길을 열다	배병삼	사계절
	루소 학교에 가다	조상식	탐
	소크라테스를 구출하라	좌백	마리북스
	아인슈타인 시간 여행을 떠나다	고종숙	탐
	인간학·철학·형이상학	앙드레 베르제 외	삼협종합출판부

교과목	책제목	저자	출판사
도덕/윤리	제우스 올림포스 산으로 밀려나다	미하일 일리인	서해문집
	철학 영화를 캐스팅하다	이왕주	효형출판
경제	앞으로 5년 미중전쟁 시나리오	최윤식	지식노마드
	죽은 경제학자의 살아 있는 아이디어	토드 부크홀츠	김영사
	21세기 사전	자크 아탈리	랜덤하우스코리아
	경제학 3.0	김광수	더난출판사
	마키아벨리 어록	시오노 나나미	한길사
	세계사를 지배한 경제학자 이야기	우에노 이타루	국일증권경제연구소
	멘큐의 경제학	그레고리 멘큐	Cengage Learining
	빈곤의 세계화	미셸 초스도프스키	당대
사회	프로테스탄트 윤리와 자본주의 정신	노명우	사계절
	권리를 위한 투쟁	루돌프 폰 예링	책세상
	법의 정신	몽테스키외	책세상
	체게바라와 여행하는 법	신승철 외	사계절
	문명의 충돌	새뮤얼 헌팅턴	김영사
	문화의 수수께끼	마빈 해리스	한길사
	새 인구론:인구의 공간적, 사회적 접근	조혜종	푸른길
세계사	단숨에 읽는 세계사	열린역사연구모임	베이직북스
	십자군 이야기 1~5	김태권	비아북
	청소년을 위한 세계사(서양편)	이강무	휴머니스트
	청소년을 위한 세계사(동양편)	우경윤	휴머니스트
	대구이야기:세계 역사를 바꾼 물고기	마크 쿨란스키	미래M&B
	옛날 사람들은 어떻게 살았을까	조은수	창비
	우리 역사를 읽는 33가지 테마	우윤	푸른숲
	리바이어던	토마스 홉스	풀빛
	불량국가	노암 촘스키	두레
	비이성의 세계사	정찬일	양철북

교과목	책제목	저자	출판사
한국사	고전산문산책	안대희	휴머니스트
	조선시대 사람들은 어떻게 살았을까 1, 2	한국역사연구회	청년사
	조선은 어떻게 부정부패를 막았을까	이성무	청아출판사
	한국의 미 특강	오주석	푸른역사
	쟁점 한일사	이경훈	북멘토
지리	곽재구의 포구 기행	곽재구	열림원
	세계 문화 기행	이희수	일빛
	지리, 세상을 날다	전국지리교사모임	서해문집
	살아 있는 지리교과서 1, 2	전국지리교사연합회	휴머니스트
	모자이크 세계지리	이우평	현암사
	남기고 싶은 지리 사진들	권혁재	법문사
	뉴질랜드 지리 이야기	조화룡	한울
	지리 교사들 미국 서부를 가다	지리누리	푸른길
	지리사상사 강의 노트	권정화	한울아카데미
	지리학 삼부자의 중국답사이야기 상, 하	서무송 외	푸른길
과학	과학교과서, 영화에 딴지 걸다	이재진	푸른숲
	과학의 즐거움	알베르 자카르	궁리
	조선시대 과학의 순교자	이종호	사과나무
	수상한 인공지능	스테퍼니 맥퍼슨	다른
	나는 미생물과 산다	김응빈	을유문화사
생명과학	살아 있는 것들의 아름다움	나탈리 앤지어	해나무
	생명의 느낌	이블린 폭스 켈러	양문
	생명의 파노라마	말론 호아그랜드 외	사이언스북스
	시크릿 패밀리	데이비드 보더니스	웅진지식하우스
	시크릿 하우스	데이비드 보더니스	웅진지식하우스
	아마추어 과학자	존 말론	생각의나무
	한국 과학사 이야기 1~3	신동원	책과함께어린이
	재미있는 나노 과학기술 여행	강찬형 외	양문

교과목	책제목	저자	출판사
생명과학	찰스 다윈의 비글호 항해기	찰스 다윈	리젬
	항아리 속의 비밀	츠즈키 타쿠지	홍
	아기의 탄생	라르스 함베르예르	지식의숲
	침묵의 봄	레이첼 카슨	에코리브르
	그림으로 보는 시간의 역사	스티븐 호킹	까치글방
	란트슈타이너가 들려주는 혈액형 이야기	권석운	자음과모음
	재미있는 화학 상식	오미야 노부미쓰	맑은창
	생물과 무생물 사이	후쿠오카 신이치	은행나무
	꽃의 제국	강혜순	다른세상
	세상을 바꿀 미래과학 설명서 1~3	신나는 과학을 만드는 사람들	다른
	시티 그리너리	최성용	동아시아
	바이오닉 맨	임창환	MID
	학생을 위한 화학과 화학자 이야기	강건일	참과학
	DNA 더블댄스에 빠지다	이한음	동녘
	다시 보는 민족과학 이야기	박성래	두산동아
천문과학	달력과 권력	이정모	부키
	선생님도 모르는 과학자 이야기	사마키 다케오	글담
	시데레우스 눈치우스	갈릴레오 갈릴레이	승산
	청소년을 위한 서양과학사	손영운	두리미디어
	풀코스 우주여행	김지현 외	현암사
	하늘에 새긴 우리역사	박창범	김영사
	하루종일 우주생각	지웅배	서해문집
물리	프리먼 다이슨 20세기를 말하다	프리먼 다이슨	사이언스북스
	나는 물리학을 가지고 놀았다	존 그리빈 외	사이언스북스
	부분과 전체	베르너 하이젠베르크	지식산업사
	생각의 탄생	루트번스타인	에코의서재
	악령이 출몰하는 세상	칼 세이건	김영사

교과목	책제목	저자	출판사
물리	양자 컴퓨터	조지 존슨	한승
	최초의 3분	스티븐 와인버그	양문
	카오스	제임스 글릭	동아시아
	엘러건트 유니버스	브라이언 그린	승산
	과학으로 생각한다	홍성욱 외	동아시아
	대통령을 위한 물리학	리처드 뮬러	살림
화학	수소혁명	제러미 리프킨	민음사
	편집된 과학의 역사	퍼트리샤 파라	21세기북스
	핀볼 효과	제임스 버크	궁리
	같기도 하고 아니 같기도 하고	로얼드 호프만	까치
	화학으로 이루어진 세상	K. 메데페셀헤르만 외	에코리브르
	날마다 일어나는 화학 스캔들 104	Kerry K. Karukstis	북스힐
	역사를 바꾼 17가지 화학 이야기 1, 2	페니 르 쿠터 외	사이언스북스
	당신에게 노벨상을 수여합니다	노벨재단	바다출판사
	The cartoon guide to Chemistry	Larry Gonick & Craig Criddle	Harper Collins
	다윈 이후	스티븐 제이 굴드	사이언스북스
	만들어진 신	리처드 도킨스	김영사
	무지개를 풀며	리처드 도킨스	바다출판사
	생물과 무생물 사이	후쿠오카 신이치	은행나무
	욕망의 진화	데이비드 버스	사이언스북스
	이중나선	제임스 왓슨	전파과학사
	진화론 논쟁	에른스트 마이어	사이언스북스
	풀하우스	스티븐 제이 굴드	사이언스북스
지구과학	거의 모든 것의 역사	빌 브라이슨	까치
	노벨상과 함께하는 지구환경의 이해	김경렬	자유아카데미
	모든 사람을 위한 빅뱅 우주론 강의	이석영	사이언스북스
	스토리 기상학	윤일희	경북대학교출판부

교과목	책제목	저자	출판사
지구과학	우리를 둘러싼 바다	레이첼 카슨	양철북
	천재지변 탐사학교	자연탐사학교	청어람미디어
	하늘에서 떨어진 돌, 운석	최변각	서울대학교출판부
	한 권으로 충분한 우주론	다케우치 가오루	전나무숲
미술	21세기 유럽 현대미술관 기행	이은화	랜덤하우스 코리아
	고흐보다 소중한 우리미술가 33	임두빈	가람기획
	과연 그것이 미술사일까?	제임스 엘킨스	아트북스
	그림의 숲에서 동·서양을 읽다	조용훈	효형출판
	그림이 된 건축, 건축이 된 그림 1~2	김홍기	아트북스
	대중문화 속의 현대미술	토머스 크로	아트북스
	디자인에 대해 알고 싶은 모든 것들	안 보니	다빈치
	디자인의 디자인	하라 켄야	안그라픽스
	어떻게 이해할까? 명화걸작	토마스 R. 호프만	미술문화
	서양미술사	진중권	휴머니스트
	천년의 그림여행	스테파노 추피	예경
체육	15분 트레이닝	김종희 외	한국학술정보
	수명연장 방정식	트리샤 멕네어	수북
	라틴댄스	이왕별	김영사
	마라톤 풀코스 16주 완주 프로그램	데이빗 A. 휫셋 외	청년정신
	스노보드	와타나베 신이치	삼호미디어
	아시아의 인어 최윤희의 수영레슨	최윤희	두리미디어
	알기 쉬운 일러스트 야구 규칙	조해연	지성사
	워킹	한창수	김영사
	시티라이더	로버트 허스트	도서관옆출판사
	정통 검도 교본	이종림	삼호미디어
	축구의 역사	빌 머레이	일신사
	New 레크리에이션	한광일	삼호미디어

교과목	책제목	저자	출판사
기술가정	거침없이 빠져드는 역사이야기 : 건축편	리나	시그마북스
	달리는 꿈 : 자동차의 역사	라인홀트 치글러	동문선
	대안 없는 대안 원자력 발전	신부용	생각의나무
	딸과 함께 떠나는 건축 여행	이용재	멘토프레스
	미래를 여는 5가지 보물지도	서상태	위즈덤아카데미
	불편한 진실 : 앨 고어의 긴급 환경리포트	앨 고어	좋은생각
	세계 속의 음식문화	구난숙 외	교문사
	황금빛 똥을 누는 아기 1~2	최민희	21세기북스
정보	누워서 읽는 알고리즘	임백준	한빛미디어
	글로벌 소프트웨어를 꿈꾸다	김익환	한빛미디어
	소프트웨어 개발의 모든 것	김익환, 전규현	페가수스
	디지로그	이어령	생각의 나무
	디지털이다	니콜라스 네그로폰테	커뮤니케이션북스
	슬기로운 미디어생활	권혜령 외	우리학교
음악	영화로 만나는 클래식	진회숙	청아출판사
	모차르트, 천 번의 입맞춤	볼프강 아마데우스 모차르트	예담
	베토벤의 생애	로맹 롤랑	문예출판사
	아주 특별한 소리 여행	이동희	이채
	오페라 읽어주는 남자	김학민	명진출판사
	재미있는 클래식 길라잡이	신동현	서울미디어
	청바지 입은 오페라	문호근	개마고원
	파리에서 음악을 만나다	박용수	유비

02 유니헬프 전공별 추천도서 760권

1) 대학알리미 분류체계에 따른 152개 전공별 개요

　대학과 공공기관에서 추천하는 도서를 기반으로 해당 전공 분야 교수진과 전문가들이 전공별 최신 대표 서적들을 선정했다. 추천도서와 키워드를 중심으로 여러분이 직접 희망진로 분야의 책을 탐색해보자. 그리고 희망 대학 전공 소속 교수들의 저서를 찾아 읽어보자. 세부 전공개요 및 관련 전공별 미래전망과 최신 동향자료는 유니헬프(http://www.univ.help) 와글 게시글에서 참고할 수 있다.

공학계열

● 건설 > 건축공학

　건축물의 구조, 공법, 재료, 역학 등을 주로 공부하는 '건축공학' 전공은 보다 안전한 건축물을 짓기 위한 방법들을 공부한다.

책제목	저자	출판사
건축 속 재미있는 과학이야기	이재인	시공사
알기 쉬운 건축이야기	장정제	시공문화사
구조의 구조	함인선	발언
미래를 여는 건축	안젤라 로이스턴	다섯수레
MT건축학	마광옥	장서가

◉ 건설 > 건축학

건축물을 설계하고 건축하기 위한 이론과 기술체계를 중점적으로 연구하는 '건축학' 분야는 편리하고 효율적인 건축물을 설계하는 것을 중점으로 한다.

책제목	저자	출판사
건축가가 말하는 건축가	이상림 외	부키
건축가들의 20대	도쿄대학 공학부 건축학과 안도 다다오 연구실	눌와
미래의 건축 100	마크 쿠시너	문학동네
수학 언어로 문화재를 읽다	오혜정	지브레인
세계의 불가사의한 건축이야기	스즈키 히로유키 외	까치

◉ 건설 > 도시공학

도시공학은 복잡한 도시 문제를 해결하고, 미래 도시를 계획·건설 관리하는 데 필요한 역량과 지식을 갖춘 도시 전문가를 양성한다.

책제목	저자	출판사
도시의 혁신, 스마트시티	정원오	교학사
도시 이후의 도시	신현규 외	매일경제신문사
도시디자인의 계보	아이다 다케후미	발언
세계 디자인 도시를 가다	김미리 외	랜덤하우스
도시 디코딩 : 빅데이터 시대의 어바니즘	디트마르 호펜후버 외	국토연구원

◉ 건설 > 조경학

경관을 조성하는 분야로서 주택 정원, 도시 공원, 자연 공원, 관광지 등을 합리적이고 미적으로 계획·설계·시공·감리 및 보호 관리할 수 있는 이론과 기법을 공부하는 분야다.

책제목	저자	출판사
나는 나무처럼 살고 싶다	우종영	걷는나무
나무가 말하였네 1, 2	고규홍	마음산책
녹색인프라의 이해와 구축방안	박재철 외	조경
환경과 조경	편집부	환경과조경
한국의 정원 선비가 거닐던 세계	허균	다른세상

● 건설 > 토목공학

인류에게 주어진 자연환경을 활용해서 인류에게 최대한의 편의를 제공할 수 있는 방법론을 공부하는 분야다.

책제목	저자	출판사
대한민국 건설 : 불가능은 가능이다	박길숙	지성사
자연과 문명의 조화 토목공학	대한토목학회 출판위원회	씨아이알
내 일을 설계하고 미래를 건설한다	대한토목학회 출판도서위원회	씨아이알
4차 산업혁명과 건설의 미래	황승현	씨아이알
위험한 행성 지구	브린 버나드	주니어김영사

● 건설 > 환경공학

공중위생을 위한 안전하고 쾌적한 생활환경의 확보와 자연생태계의 보호를 목적으로, 자연과학 기초이론의 토대 위에 환경문제의 해결방법을 공부하는 분야다.

책제목	저자	출판사
코드그린	토머스 프리드먼	21세기북스
역사로 보는 환경	김정규	고려대학교출판부
거의 모든 것의 역사	빌 브라이슨	까치
침묵의 봄	레이첼 카슨	에코리브르
MT환경공학	박석순	장서가

● 기계 > 기계공학

각종 산업기계 및 관련 장치 설비의 설계, 제작, 이용, 관리 등에 관한 이론 및 응용기술을 공부하는 분야다.

책제목	저자	출판사
E=mc² 세상에서 가장 유명한 방정식의 일생	데이비드 보더니스	웅진지식하우스
도구와 기계의 원리 Now	데이비드 맥컬레이	크래들
과학도시락	김정훈	은행나무
스피드과학	오가사와라 세이지	전나무숲
제2의 기계 시대	에릭 브린욜프슨 외	청림출판

● 기계 > 기전공학

기존의 기계공학 분야에 전자공학 분야를 첨가한 종합학문으로서, 정밀기계의 원리와 제작방법, 계측 및 제어 등에 대한 이론과 기술을 공부하는 분야다.

책제목	저자	출판사
로봇의 부상	마틴 포드	세종서적
메카트로닉스	윌리엄 볼튼	씨아이알
아두이노, 상상을 현실로 만드는 프로젝트 : 입문편	최재규 외	영진닷컴
로봇 다빈치 꿈을 설계하다	데니스 홍	샘터
테슬라 모터스	찰스 모리스	을유문화사

● 기계 > 자동차공학

자동차 구조설계 및 제조와 관련된 이론 및 기술을 연구하는 응용과학으로서, 전기/전자, 컴퓨터, 화학/재료 등의 신기술과 접목해서 자동차 기술 환경 변화를 공부하는 분야다.

책제목	저자	출판사
미래의 자동차 융합이 좌우한다	김필수	골든벨
알파고처럼 진화하는 스마트카의 미래	박기혁	동아엠앤비
자동차 구조 교과서	아오야마 모토오	보누스
F1 디자인 사이언스	데이비드 트레메인	양문
자동차 생산기술과 로봇 자동화	유범상	시그마프레스

● 기계 > 조선·해양공학

해양에 대한 물리, 화학, 생물, 지질학적 접근을 통해 바다를 분석하고 이해함으로써 각종 식량자원, 광물자원, 에너지자원을 획득하고 해양을 합리적으로 이용하기 위해 해양개발 및 응용을 공부하는 분야다.

책제목	저자	출판사
과학으로 만드는 배	유병용	지성사
미래를 나르는 배 : LNG선	채수종	지성사
천재들의 과학노트 5 : 해양학	캐서린 쿨렌	작은책방
바다 위 인공섬, 시토피아 : 사람이 만드는 미래의 해양 도시	권오순 외	지성사
배는 어디에서 자나요? : 항구, 그리고 항구를 지키는 방파제	오영민 외	지성사

● 기계 > 철도공학

대도시의 교통문제를 해결하기 위해 문제의 본질과 원인을 탐구하고, 그 해결방안을 교통공학적인 측면에서 공부하는 분야다.

책제목	저자	출판사
철도공학개론	최길대 외	구미서관
한국 철도의 역사와 발전 1~3	이용상 외	BG북갤러리
달리는 기차에서 본 세계	박흥수	후마니타스
철도의 미래 2030년의 철도	철도종합기술연구소	싸아이알
미래철도 전망 2040	국토교통과학기술진흥원	진한엠앤비

● 기계 > 항공·우주공학

첨단 항공우주산업의 발전 추세에 맞춰 항공우주, 항공기계, 항공운항 등을 공부하는 분야다.

책제목	저자	출판사
재미있는 항공우주 이야기	임달연	동명사
Cansat 나만의 인공위성 프로젝트	네패스 코코아팹	홍릉과학출판사
비행기 구조 교과서	나카무라 간지	보누스
비행기 엔진 교과서	나카무라 간지	보누스
비행기 이야기	이태원	기파랑
비행의 시대	장조원	사이언스북스

● 산업·안전 > 산업공학

시스템의 체계적인 분석, 설계 및 조화로운 관리를 위한 효율적인 방법을 공부하고, 산업 및 공공조직의 경영합리화와 생산성 향상 및 경쟁력 강화에 기여하는 분야다.

책제목	저자	출판사
스마트 세상을 여는 산업공학	대한산업공학회	청문각
현장중심형 스마트팩토리	이호성	KMAC
링크 : 21세기를 지배하는 네트워크 과학	A.L. 바라바시	동아시아
4차 산업혁명, 미래를 바꿀 인공지능 로봇	이세철	정보문화사
공학과 경영 : 기술혁신을 꿈꾸는 공학도를 위한 안내서	김상균	한빛아카데미

● 산업·안전 > 소방방재공학

사회 전반에서 발생 가능한 재난(화재, 지진, 폭풍, 해일, 집중호우, 홍수, 태풍)에 기인한 각종 피해를 방지하고, 재난 발생 시 적절한 복구 관리가 가능하도록 실용적인 연구활동과 체계적인 교육을 통해 방재 분야의 전문 인력을 양성한다.

책제목	저자	출판사
어느 소방관의 기도 : 우리가 잊지 말아야 할 작은 영웅들의 이야기	오영환	쌤앤파커스
소방관 어떻게 되었을까?	편집부	캠퍼스멘토
거의 모든 재난에서 살아남는 법	성상원 외	따비
소방방재학	임중호 외	기문당
자연재해와 방재	에드워드 A. 켈러 외	시그마프레스

● 산업·안전＞안전공학

산업에 종사하는 사람 및 기계의 변조·고장·파괴 등을 초래하지 않도록 예방, 보전의 처치를 실시하는 학문으로, 산업 전체의 안전에 관한 문제를 과학적, 종합적으로 공부한다.

책제목	저자	출판사
안전공학 개론	신창섭 외	동화기술
사고는 왜 반복되는가?	이시바시 아키라	인재NO
안전의식혁명	하가 시게루	인재NO
대학생을 위한 공학윤리	김문정	아카넷
다빈치에서 인터넷까지	토머스 J. 미사	글램북스

● 재료＞금속공학

모든 산업의 기초와 근간이 되는 소재에 관한 학문으로, 재료의 특성향상과 신소재의 연구개발을 위해서 공부하는 분야다.

책제목	저자	출판사
전통 속의 첨단 공학기술	남문현 외	김영사
소리 없이 세상을 움직인다 : 철강	송성수	지성사
우리가 몰랐던 철 이야기	이종민	포스코경영연구소
세상의 금속	라인하르트 오스테로트	돌베개
금속전쟁	키스 베로니즈	반니

● 재료>반도체공학

통신, 컴퓨터, 가전, 자동차 등의 중요산업 분야의 핵심 기반 소재인 반도체 재료에 대한 기본 원리, 특성을 이해하고 이를 토대로 뛰어난 성능의 반도체 소자를 개발하는 분야다.

책제목	저자	출판사
반도체 제대로 이해하기	강구창	지성사
반도체 공학	김동명	한빛아카데미
반도체란 무엇인가	유영준	Pi-Touch
반도체 전쟁	남윤선 외	한국경제신문사
호암의 마지막 꿈	유귀훈	블루페가수스

● 재료>세라믹공학

세라믹공학은 산화물, 탄화물, 질화물, 붕화물과 같은 비금속 무기재료의 개발과 응용을 공부하는 학문 분야다.

책제목	저자	출판사
매직 세라믹스	David W. Richerson 외	한티미디어
복합레진과 심미수복	박성호	군자출판사
세라믹 제조공정	배철훈	아이티씨
뉴세라믹스	반노 히사오	겸지사
세라믹스의 기계적 거동	R. W. Davidge	아이티씨

● 재료>신소재공학

기간산업뿐 아니라, IT산업, 우주항공산업, 에너지산업 등 첨단산업발전에 필요한 핵심 기초 소재를 개발하는 첨단산업 분야로서 다양한 각종 첨단과학 재료 분야에 대해서 제조, 가공 및 특성분석에 관한 체계적인 학문적 이론을 공부하는 분야다.

책제목	저자	출판사
재료과학 : 신소재 시대의 도래	원동연 외	집문당
신소재 신재료 100	일본뉴턴프레스	아이뉴턴
신소재 응용전략	산중 유의	성안당
신소재공학	오세동	복두출판사
공학도를 위한 신소재공학	백영남	학진북스

◉ 재료>재료공학

재료를 구성하고 있는 각종 물질의 구조와 조직, 이들 물질의 성질, 즉 기계적, 화학적, 전기적, 자기적, 열적 성질을 통섭해서 금속재료, 세라믹재료와 전자재료, 반도체재료 등 신소재 등을 연구개발하는 분야다.

책제목	저자	출판사
미래를 열어가는 탄소재료의 힘	윤창주 외	일진사
재료과학과 공학	William D. callister 외	시그마프레스
재료공학 입문	김형수 외	문운당
금속재료공학 다이제스트	선우 준	퍼플
재료공학을 위한 대칭군 이론	류근걸	홍릉과학출판사

◉ 전기·전자·컴퓨터>광학공학

물리학을 기초로 하는 응용과학으로 현미경과 같은 정밀광학기기, 광통신, 반도체와 관련된 광소자, 광정보처리 레이저 및 계측을 공부하는 분야다.

책제목	저자	출판사
현대광공학개론	조재흥	청문각
광학에센스	Araz Yacoubian	청문각
기초광학	윤재선	두양사
광학기구 설계	폴 요더 주니어	씨아이알
안경사를 위한 물리광학	최성숙 외	대학서림

● 전기·전자·컴퓨터 > 응용소프트웨어공학

전산학·컴퓨터공학에서 연구된 각종 기술을 연구하고, 발달시켜 소프트웨어 및 게임개발 산업 등에 적용하는 분야다.

책제목	저자	출판사
프로그래머로 사는 법	샘 라이트스톤	한빛미디어
미래를 바꾼 아홉 가지 알고리즘	존 맥코믹	에이콘출판
글로벌 소프트웨어를 말하다, 지혜	김익환	한빛미디어
우리에게 IT란 무엇인가	김국현	궁리
행복한 프로그래밍	임백준	한빛미디어

● 전기·전자·컴퓨터 > 의공학

의학과 공학 분야 간에 학문적 방법론 개념, 기술, 기기 등을 상호 교환, 응용함으로써 궁극적으로 두 학문 분야의 발전을 도모하는 학문이다.

책제목	저자	출판사
의공학 전공자를 위한 생리해부학 및 생체물성학	나승권	상학당
히포크라테스의 발견	반덕진	휴머니스트
의학적 인간학 : 의학철학의 기초	진교훈	서울대학교 출판부
의공학 입문	나승권	상학당
기초의학 및 의공학	나승권	상학당

● 전기·전자·컴퓨터 > 전기공학

전기에너지의 발생원리, 전력시스템으로부터 제어, 회로설계, 그리고 통신 등에 이르는 광범위한 분야를 공부하는 분야다.

책제목	저자	출판사
일렉트릭 유니버스	데이비드 보더니스	글램북스
열정과 야망의 전기 이야기	김석환	대영사
그림풀이 전기공학입문	Ohmsha	성안당

New 전기를 알고 싶다	김형술 외	골든벨
기초 전기공학	김갑송	성안당

● 전기·전자·컴퓨터 > 전산학·컴퓨터공학

　정보화 사회로 변화하는 세계적인 추세에 부응하기 위해서 컴퓨터 시스템과 컴퓨터와 관련된 여러 가지 기술을 익히고, 이를 각 분야에 응용함을 목적으로 공부하는 분야다.

책제목	저자	출판사
에이다, 당신이군요. 최초의 프로그래머	시드니 피두아	곰출판
프로그래머, 수학으로 생각하라	유키 히로시	프리렉
읽기 좋은 코드가 좋은 코드다	더스틴 보즈웰 외	한빛미디어
플랫폼의 시대	필 사이먼	제이펍
만화로 쉽게 배우는 전자회로	Kenichi Tanaka	성안당

● 전기·전자·컴퓨터 > 전자공학

　지식 산업의 핵심 영역인 컴퓨터, 반도체, 정보/유무선통신, 가전, 로보틱스, 신호 및 영상 처리 분야 등을 공부하는 분야다.

책제목	저자	출판사
전자정복	데릭 청 외	지식의날개
뜯고 태우고 맛보고, 몸으로 배우는 짜릿짜릿 전자회로 DIY 플러스	찰스 플랫	인사이트
플라즈마 전자공학	정진욱	청문각
문과생도 이해하는 전기전자수학	야마시타 아키라	한빛아카데미
모두의 아두이노	다카모토 다카요리	길벗

● 전기·전자·컴퓨터 > 정보·통신공학

소프트웨어 공학의 기술발전으로 인한 정보시스템 개발방법론으로 정보시스템의 계획·분석·설계·구축에 필요한 체계적 방법론 및 정보를 빠르고, 안정적으로, 효율적으로 다루고 전송하기 위한 기초학문과 최신 기술들을 공부하는 분야다.

책제목	저자	출판사
스티브 잡스	월터 아이작슨	민음사
New 정보통신개론	고응남	한빛아카데미
정보통신 배움터	정진욱 외	생능출판사
Ubiquitous 시대의 정보통신과 컴퓨터 네트워크	김은환 외	북스홀릭퍼블리싱
10대를 위한 기술선생님이 들려주는 궁금한 정보통신기술의 세계	한승배 외	삼양미디어

● 전기·전자·컴퓨터 > 제어계측공학

인간의 편의를 제공하는 기술을 다루는 공학 분야로, 기계시스템 및 전자기기 등 다양한 응용 분야에서 정밀한 센서와 정보처리, 분석기능을 공부하는 분야다.

책제목	저자	출판사
4차 산업혁명 미래를 바꿀 인공지능 로봇	이세철	정보문화사
LABVIEW	곽두영	랩뷰교육원
신의 한 수 공학수학 : 전기전자 통신 계측 제어계열	신윤기	GS인터비전
계측제어실무 1	기술도서연구회	산문사
제어계측공학	홍선학	성안당

● 화공·고분자·에너지 > 고분자공학

중합과정을 통해 얻어지는 고분자의 합성, 물성, 특성, 가공 등을 연구하는 분야다.

책제목	저자	출판사
나노에 둘러싸인 하루	김문제 외	살림FRIENDS
알기 쉬운 고분자	전창림	자유아카데미
생활 속의 고분자	윤진산	학연사
고분자공학개론	Joel R. Fried	자유아카데미
나노포러스고분자	하창식 외	문운당

● 화공·고분자·에너지 > 생명공학

생명체를 연구대상으로 하며 생명의 본질을 물질론적으로 규명해서 질병의 극복, 식량문제, 환경문제 등을 해결함으로써 인류에게 궁극적 영원성을 부여해 삶의 질 향상을 공부하는 분야다.

책제목	저자	출판사
게놈익스프레스	조진호	위즈덤하우스
유전공학의 이해	남상욱 외	라이프사이언스
생명공학으로의 초대	Ray V. Herren	라이프사이언스
최신 생명공학의 이해	William J. Thieman 외	바이오사이언스
MT생명공학	최강열	장서가

● 화공·고분자·에너지 > 섬유공학

새로운 섬유 소재를 개발하고, 이를 통해 실생활에 응용 및 활용하는 법에 대해서 공부하는 분야다.

책제목	저자	출판사
기능성 섬유 기술개발 동향과 전망	데이코편집부	데이코
4차 산업 혁명 시대, ICT 융복합 하이테크 섬유·의류 산업의 분야별 기술 및 시장 전망	편집부	미래산업 리서치
고성능 고기능성 섬유산업별 실태분석	R&D정보센터	지식산업 정보원

전기방사를 이용한 나노섬유의 제조와 전기화학적 응용	문성준 외	충남대학교 출판문화원
최신합성섬유	한국섬유공학회	형설출판사

● 화공·고분자·에너지 > 에너지공학

에너지의 발생, 특성, 에너지의 변환과 효율적인 이용, 에너지 생산에 따른 사회적인 환경문제와 해결에 대해서 공부하는 분야다.

책제목	저자	출판사
자원전쟁	시바타 아키오	이레미디어
침묵의 봄	레이첼 카슨	에코리브르
에너지 공학의 이해	김극태 외	아진
신·재생 에너지공학	Aldo V. Da Rosa	아진
에너지 위기 어떻게 해결할까?	이은철	동아엠앤비

● 화공·고분자·에너지 > 화학공학

화학공정을 통해 정유 및 석유화학공업을 비롯해서 섬유, 고무, 정밀화학제품, 유지, 세제, 펄프, 화약 등 산업 분야의 중추적 역할을 하고 있는 화학공업뿐만 아니라, 환경, 에너지 등 중요 분야에 대한 연구와 개발을 목표로 하는 분야다.

책제목	저자	출판사
화학교과서는 살아 있다	문상흡 외	동아시아
원소의 왕국	피터 앳킨스	사이언스북스
MT화학	이익모	청어람
화학으로 이루어진 세상	K. 메데페셀헤르만 외	에코리브르
재밌어서 밤새 읽는 화학이야기	사마키 다케오	더숲

◉ 교육 > 중등공학교육

현대의 정보산업사회가 필요로 하는 기계, 전기, 전자공학, 컴퓨터분야 관련 이론과 기술을 연구하는 학문으로써, 내실 있는 공학교육을 담당할 교원을 양성하는 데 목적을 둔 분야다.

책제목	저자	출판사
뉴턴과 아인슈타인 우리가 몰랐던 천재들의 창조성	홍성욱	창비
뉴턴도 놀란 영재들의 물리노트 1, 2	도쿄물리서클	이치
한국의 이공계는 글쓰기가 두렵다	임재춘	북코리아
공학기술과 인간사회	한국공학교육학회	지호
공학자의 사고법	혼마 히데오	다산사이언스

◉ 교육 > 교양공학

자연계열 내 특정 전공학과에 대한 전문과정의 기초를 닦는 것에 목적을 둔 분야다.

책제목	저자	출판사
생산력과 문화로서의 과학기술	홍성욱	문학과지성사
창의력에 미쳐라	김광희	넥서스BIZ
하리하라의 과학블로그	이은희	살림FRIENDS
청소년이 꼭 알아야 할 과학이슈 11(시즌 1)	이충환 외	과학동아북스
학문 어떻게 할 것인가 : 공학기술편	장수영	학문사

◉ 농림·수산 > 농림수산바이오시스템공학

동·식물과 식품을 대상으로 생명과학과 자연과학 및 공학기술을 접목해서 새로운 바이오 소재 개발 및 활용, 동식물자원의 생산, 가공, 저장, 관리 등을 연구한다.

책제목	저자	출판사
생활 속의 생명과학	Colleen Belk 외	바이오사이언스
판스워스 교수의 생물학 강의	프랭크 H. 헤프너	도솔
산책로에서 만난 즐거운 생물학	위르겐 브라터	살림
우연과 필연	자크 모노	궁리
멘델이 들려주는 유전 이야기	황신영	자음과모음

◉ 농림·수산 > 농림수산환경생태학

작물, 축산, 수산자원의 재배 관리에 관여하는 여러 가지 환경에 대해서 공부한다. 즉, 토양, 병, 해충의 종류와 생태, 방제방법에 대해 공부하는 분야다.

책제목	저자	출판사
위기의 지구촌 구하기	최영경 외	강원대학교출판부
농업문명의 전환	윤석원	교우사
꿈의 도시 꾸리찌바	박용남	녹색평론사
새롭고 적극적인 지구를 살리는 방법 50	존 자브나 외	물병자리
고마운 미생물, 얄미운 미생물	천종식	솔

◉ 농림·수산 > 산림학

새로운 산림자원을 개발하고, 환경보전을 위한 사막화 방지 및 산림조성, 기존의 산림자원의 효율적 이용 관리를 공부하는 분야다.

책제목	저자	출판사
숲에서 놀다	이영득	황소걸음
기적의 사과	이시카와 다쿠지	김영사
나무야 나무	오장근 외	푸른행복
숲에게 길을 묻다	김용규	비아북
종이로 사라지는 숲 이야기	맨디 하기스	상상의 숲

● 농림·수산 > 수산학

바다, 호수, 하천 등 물속에 사는 어패류와 같은 생물을 인류생활에 유용하게 이용할 수 있도록 연구개발하는 분야다.

책제목	저자	출판사
알쏭달쏭 수산물	김영혜	농림수산식품부
수산의 이해	김병호 외	블루앤노트
21세기 한국 수산업의 고민	한규설	선학사
대한민국 수산업	한국콘텐츠미디어	한국콘텐츠미디어
우리 식탁 위의 수산물 안전합니까?	김지민	연두m&b

● 농림·수산 > 식품가공학

에너지, 영양소, 생리활성성분 등의 물리화학적 특성과 생산, 가공, 저장, 유통 전반에 관한 이론과 기술을 다루며, 새로운 식품소재의 개발, 식품기능성의 체계적인 해석, 전통식품의 과학화 및 첨단기술 개발, 식품안전 신기술 등을 다룬다.

책제목	저자	출판사
과학상식 130가지	김이리	새희망
청소년이 꼭 알아야 할 과학이슈 11	강석기 외	동아엠앤비
식탁의 배신	윌리엄 레이몽	랜덤하우스
밥상의 미래	조엘 펄먼	다온북스
식품가공의 이해	박원종 외	효일

● 농림·수산 > 작물·원예학

식량 및 원예작물에 대해서 새로운 품종을 육성하고, 친환경적이며 생산성과 품질을 높일 수 있는 재배기술 및 시설을 개발하는 분야다.

책제목	저자	출판사
농업철학서설	J.D 힐	향문사
슐라이덴이 들려주는 식물 이야기	엄안흠	자음과모음
흙을 살리는 자연의 위대한 생명들	제임스 B. 나르디	상상의숲
흙과 비료 이야기 1, 2	현해남	농민신문사
원예의 즐거움	장정은 외	이담북스

● 농림·수산 > 축산학

축산물의 효율적인 생산과 이용을 위해 육종, 번식, 영양, 축산가공 및 축산경영에 관한 이론과 경제적 사양관리 등의 실제기술을 공부하는 분야다.

책제목	저자	출판사
최재천의 인간과 동물	최재천	궁리
동물과 인간생활	강만종	전남대학교출판부
유기축산	윤세형 외	이담북스
생명공학 소비시대 알 권리 선택할 권리	김훈기	동아시아
애완동물학	김옥진	동일출판사

● 생활과학 > 식품영양학

인간의 육체적, 정신적 건강 및 성장발달과 직결돼 있는 식생활을 학문적으로 공부하는 분야다.

책제목	저자	출판사
무엇을 먹을 것인가	콜린 캠벨 외	열린과학
음식문화의 수수께끼	마빈 해리스	한길사
존 로빈스의 100세 혁명	존 로빈스	시공사

식객 시리즈	허영만	김영사
이해하기 쉬운 식품과 영양	신말식 외	파워북

● 생활과학 > 의류·의상학

인간생활의 환경적응과 조화에 필수적 역할을 담당하고 있는 복식에 대해서 다양하게 변화하는 사회와 관련해서 종합적으로 공부하는 학문이다.

책제목	저자	출판사
20세기 패션아이콘	제르다 북스바움	미술문화
라이프스타일과 트렌드	이재정 외	예경
리서치와 디자인	사이먼 자이브라이트	디자인리서치앤플래닝
장광효, 세상에 감성을 입히다	장광효	북하우스
우리 규방 문화	허동화	현암사

● 생활과학 > 조리과학

조리와 조리의 과정을 과학적으로 이해하고 실무에 효율적으로 적용하기 위해서 식품과 영양 및 조리원리 등의 기본 지식을 공부한다.

책제목	저자	출판사
희망의 밥상	제인 구달 외	사이언스북스
내 몸을 살리는 천연발효식품	산도르 엘릭스 카츠	전나무숲
세계 속의 음식문화	구난숙 외	교문사
식품학 및 조리원리	김숙희 외	지구문화사
쉽게 풀어 쓴 조리원리	남상명 외	지식인

● 생활과학 > 주거학

사용자의 생활적 관점에서 생활공간, 주택, 주거지를 디자인, 선택, 이용, 관리하는 일련의 과정에서 생기는 제반 문제를 연구하며 주거환경 실내디자인에 관한 지식과 기술을 습득해서 주거환경의 질적 향상에 기여하는 전문인을 양성한다.

책제목	저자	출판사
넓게 보는 주거학	주거학연구회	교문사
주거 인테리어 해부도감	마쓰시타 기와	더숲
주거혁명 2030	박영숙 외	교보문고
한국 주거의 공간사	전남일	돌베개
주거와 문화	이호정	태림문화사

● 수학·물리·천문·지구 > 물리학

　모든 자연현상을 지배하는 원리를 연구하는 학문으로, 과학과 공학의 발전에 기초가 되는 학문이다.

책제목	저자	출판사
뉴턴도 놀란 영재들의 물리노트	도쿄물리서클	이치
물리학자는 영화에서 과학을 본다	정재승	어크로스
물리로 이루어진 세상	장미셸 코르티 외	에코리브르
세상물정의 물리학	김범준	동아시아
NEW 재미있는 물리여행	루이스 엡스타인	꿈결

● 수학·물리·천문·지구 > 반도체과학

　나노과학기술에 근거해서 응용단계에서는 정보과학기술을 선도하는 현대과학기술의 핵심요소로써 앞으로도 21세기 정보사회에 있어서 기술문명을 주도할 핵심 학문 분야다.

책제목	저자	출판사
반도체 공학	김동명	한빛아카데미
반도체란 무엇인가	유영준	Pi-Touch
반도체 전쟁	남윤선 외	한국경제신문사
반도체 공정과 장비의 기초	김학동 외	홍릉과학출판사
반도체 제대로 이해하기	강구창	지성사

◉ 수학·물리·천문·지구>수학

여러 자연현상을 그 본질적 성질에 의한 논리적 구조를 통해 설명하려는 학문으로서 많은 현상을 설명하고 예측 가능하게 한다.

책제목	저자	출판사
수학으로 생각한다	고지마 히로유키	동아시아
수학의 유혹	강석진	문학동네
무한의 신비:수학, 철학, 종교의 만남	애머 액젤	승산
수학으로 이루어진 세상	키스 데블린	에코리브르
우리 역사 속 수학이야기	이장주	사람의무늬

◉ 수학·물리·천문·지구>지구과학

지구의 구성물질의 성분, 구조, 형성과정 및 지구대기 운동과 물리적, 화학적 상태 및 자연의 질서, 기상이변이나 지구온난화와 관련된 기후변동의 문제, 대기환경의 오염과 보존, 해양의 구조와 변화 등을 공부하는 분야다.

책제목	저자	출판사
지진은 왜 일어나는가	매티스 레비 외	기문당
지구라는 행성	최진범 외	이지북
지구의 이해	최덕근	서울대학교출판부
지구의 과학	일본 뉴턴프레스	아이뉴턴
야누스의 과학	김명진	사계절

◉ 수학·물리·천문·지구>천문·기상학

우주를 구성하는 미시적 입자부터 은하에 이르기까지 광범위한 시공간에서 일어나는 다양한 현상을 관측해서 우주의 질서와 법칙을 탐구하고, 시시각각 변화하는 기온, 기후 등의 변화를 공부하는 분야다.

책제목	저자	출판사
우리 집에 인공위성이 떨어진다면?	지웅배	창비교육
천재들의 과학노트 7 : 천문 우주과학	스콧 맥커천 외	지브레인
모든 사람을 위한 빅뱅우주론 강의	이석영	사이언스북스
별에게로 가는 계단	배리 파커	전파과학사
이태형의 별자리 여행	이태형	나녹

● 수학·물리·천문·지구 > 통계학

사회의 각 분야에서 발생하는 정보를 수집해서 정보를 분석하고 해석하는
방법론을 공부하는 분야다.

책제목	저자	출판사
세상에서 가장 재미있는 통계학	울코트 스미스	궁리
통계의 미학	최제호	동아시아
머니볼	마이클 루이스	비즈니스맵
통계학, 빅데이터를 잡다	조재근	한국문학사
세상에서 가장 쉬운 통계학입문	고지마 히로유키	지상사

● 수학·물리·천문·지구 > 해양학

해양의 구조 및 탐색, 자원개발·활용을 공부하는 분야다.

책제목	저자	출판사
북극곰은 걷고 싶다	남종영	한겨레출판사
과학으로 만드는 배	유병용	지성사
기상의 구조	추효상	전남대학교출판부
해양과 인간	최형태 외	한국해양과학기술원
우리를 둘러싼 바다	레이첼 카슨	에코리브르

● 화학·생명과학·환경 > 생명과학

생명체의 특성과 생명현상을 공부하는 분야로 모든 생명체에서 일어나는 현상을 밝히고 응용해서 인류사회와 밀접한 관계의 제반 생명분야의 기초가 될 뿐만 아니라 오늘날 첨단 생명공학의 토대를 제공하는 분야다.

책제목	저자	출판사
MT 생명공학	최강열	장서가
종의 기원	찰스 다윈	동서문화사
생활 속의 생명과학	김재근 외	라이프사이언스
철학적 질문과 과학적 대답	김희준	생각의 힘
하나의 세포가 어떻게 인간이 되는가	루이스 월퍼트	궁리

● 화학·생명과학·환경 > 화학

물질의 성질, 조성 및 구조 그리고 그들 사이의 상호변환인 화학반응 등을 주로 공부하는 분야로서 자연과학의 기초적인 학문이다.

책제목	저자	출판사
역사를 바꾼 17가지 화학이야기 1, 2	페니 르 쿠터 외	사이언스북스
생활 속에 숨겨진 화학의 이해	John L. Hogg 외	사이플러스
진정일 교수의 교실 밖 화학이야기	진정일	궁리
화학으로 이루어진 세상	K. 메데페셀헤르만 외	에코리브르
생각 1g만으로도 유쾌한 화학이야기	레프 G. 블라소프 외	도솔

● 화학·생명과학·환경 > 환경학

다양한 환경문제를 인간 및 생태계와 연계해서 생물학적, 화학적인 분석을 통해 깨끗하고 안전한 환경을 만들고자 공부하는 분야다.

책제목	저자	출판사
위험한 행성 지구	브린 버나드	주니어김영사
지구를 구하자	마르틴 라퐁	개마고원

침묵의 봄	레이첼 카슨	애코리브르
가이아	제임스 러브록	갈라파고스
세계의 환경도시를 가다	이노우에 토시히코 외	사계절

자연과학계열(교육)

● 교육 > 간호·보건교육

인간의 건강과 간호·보건의 이론적 개념을 근간으로 인간의 질병 예방, 질병으로부터 회복, 건강증진 및 유지 등을 돕는 간호·보건 담당하는 교사를 양성하는 데 목적이 있다.

책제목	저자	출판사
마지막 여행	매기 캘러넌	프리뷰
나이팅게일의 간호론	플로렌스 나이팅게일	현문사
생명 윤리 이야기	권복규	책세상
인체 21세기 해부학	일본 뉴턴프레스	아이뉴턴
감염	프랭크 보덴	다산출판사

● 교육 > 중등자연과학교육 > 가정교육

가정과 교사의 양성을 목적으로 의생활, 식생활, 주생활, 인간발달, 그리고 가정관리 분야에 걸친 가정학의 다양한 내용을 공부하며, 이를 지도하는 교사로서의 자질을 기르기 위한 교재연구 및 교수법을 가르친다.

책제목	저자	출판사
가족 : 진정한 나를 찾아 떠나는 심리여행	존 브래드쇼	학지사
나는 대한민국의 교사다	조벽	해냄
차라리 아이를 굶겨라 1, 2	다음을지키는 엄마모임	시공사

현대사회와 가정	허혜경 외	동문사
힐빌리의 노래	J. D. 밴스	흐름출판

● 교육 > 중등자연과학교육 > 물리교육

과학적인 이론과 실제적인 실험을 통해서 교육현장에서 학생을 지도할 수 있는 능력을 갖춘 중등교원을 양성하는 데 그 목적이 있으며, 이를 위해 물리학의 모든 분야의 재연구 및 지도법 등을 공부한다.

책제목	저자	출판사
물리학은 처음인데요	마쓰바라 다카히코	행성B
날마다 천체 물리	닐 디그래스 타이슨	사이언스북스
나는 부엌에서 과학의 모든 것을 배웠다	이강민	더숲
김상욱의 양자 공부	김상욱	사이언스북스
물리학자는 영화에서 과학을 본다	정재승	어크로스

● 교육 > 중등자연과학교육 > 생물교육

과학적 탐구를 통해서 창의력을 함양하고 최선의 생물학 지식을 습득해서 유능한 중등학교 교사를 양성하기 위해 세포생물학, 분류학, 형태학, 생리학, 유전학, 미생물학, 발생학, 분자생물학, 생물교육론, 생물교재연구 및 지도법 등을 공부한다.

책제목	저자	출판사
거의 모든 것의 역사	빌 브라이슨	까치
과학 혁명의 구조	토머스 S. 쿤	까치
생명과학 교과서는 살아 있다	유영제 외	동아시아
이것이 생물학이다	에른스트 마이어	바다출판사
엔트로피	제레미 리프킨	세종연구원

● 교육 > 중등자연과학교육 > 수학교육

  우수한 중등교사 양성을 목표로 수학교사로서 갖춰야 할 이론과 실습을 교육하며, 수학 전 분야에 관한 내용과 교육학 과목을 공부한다.

책제목	저자	출판사
수학공부 이렇게 하는 거야 상, 중, 하	일본수학교육협의회	경문사
수학의 오솔길	이정례	수학정원
어느 수학자의 변명	G. H. 하디	세시
유추를 통한 수학탐구	한인기 외	승산
페르마의 마지막 정리	사이먼 싱	영림카디널

● 교육 > 중등자연과학교육 > 지구과학교육

  급격한 발전을 이루고 있는 지구와 우주의 개발 추세에 발맞춰 동적인 지구, 순환하는 지구의 개념을 근간으로 지질, 천문, 기상 및 해양의 각 분야를 교육한다.

책제목	저자	출판사
세상을 바꾼 과학이야기	권기균	에르디아
에너지와 환경	과학동아편집부	과학동아북스
한반도 30억 년의 비밀	유정아	푸른숲
청소년을 위한 이야기 과학사	위르겐 타이히만	웅진지식하우스
재밌어서 밤새 읽는 지구과학 이야기	사마키 다케오	더숲

● 교육 > 중등자연과학교육 > 화학교육

  화학 전반에 대한 지식을 고르게 갖춘 화학자를 양성하고 전문적인 교수이론 및 풍부한 상식과 경험을 가진 화학교사 양성을 목적으로 하며, 화학교육과정 외에도 물리화학, 유기화학, 분석화학, 무기화학, 생화학 등 화학의 전 분야를 심도 있게 공부한다.

책제목	저자	출판사
과학이란 무엇인가	A. F. 차머스	서광사
발견하는 즐거움	리처드 파인만	승산
진정일 교수의 교실 밖 화학이야기	진정일	궁리
법칙, 원리, 공식을 쉽게 정리한 물리 화학 사전	와쿠이 사다미	그린북
너무 맛있어서 잠 못 드는 화학책	라파엘 오몽 외	생각의길

자연과학계열(보건·간호·의학·약학)

● 간호>간호학

인간의 최적의 건강상태를 유지, 증진하며 질병예방과 회복 및 재활을 연구하는 분야다.

책제목	저자	출판사
마지막 여행	매기 캘러넌	프리뷰
나이팅게일의 간호론	플로렌스 나이팅게일	현문사
생명 윤리 이야기	권복규	책세상
간호사가 말하는 간호사	권혜림 외	부키
간호사, 프로를 꿈꿔라	도나 윌크 카르딜로	한언

● 보건>보건관리

국민의 건강유지 및 증진을 효과적으로 달성하기 위한 보건의료정책, 조직, 사업, 소비자, 기록, 정보 등에 대한 관리의 이론 및 기법을 공부하는 분야다.

책제목	저자	출판사
생명, 인간의 경계를 묻다	강신익 외	웅진지식하우스
나는 고백한다, 현대의학을	아툴 가완디	동녘사이언스

내 몸 사용설명서	마이클 로이젠 외	김영사
인체 21세기 해부학	일본 뉴턴프레스	아이뉴턴
감염	프랭크 보덴	다산출판사

● 보건 > 보건학

인류의 수명연장과 건강생활을 영위하는 데 필요한 지식과 기술을 공부하는 분야다.

책제목	저자	출판사
대한민국 보건 발달사	대한보건협회	지구문화사
학생 건강과 보건교육 정상화를 위한 보건교사 교권자료집	보건교육포럼	보건교육포럼
양재모의 보건학	유승흠	계축문화사
보건소 건강증진 이야기	이주열 외	메디컬코리아
건강교육과 보건학의 이해	권봉안	한미의학

● 보건 > 임상보건

보건의료기관에서 인간의 건강문제를 진단하고, 치료하는 데 필요한 지식과 기술을 공부하는 분야다.

책제목	저자	출판사
병균으로부터 가족건강 지키기	케네스 복 외	지식의 날개
생명, 인간의 경계를 묻다	강신익 외	웅진지식하우스
인체 21세기 해부학	일본 뉴턴프레스	아이뉴턴
감염	프랭크 보덴	다산출판사
대한민국 보건 발달사	대한보건협회	지구문화사

● 보건>재활치료

신체 및 정신적 장애자의 재활능력 보존 및 신체기능의 최대 활용에 관한 의학적인 제반지식 및 과학적 치료기법을 연구하는 분야다.

책제목	저자	출판사
가정에서 할 수 있는 인지재활 프로젝트	분당 서울대학교병원 재활의학과	군자출판사
뇌졸중 재활, 이렇게 일어나 걸어보자!	미요시 세이도	청홍
롤핑:실전 근막이완요법	김소형	신흥메드싸이언스
재활 쉽게 하기	미강사 편집부	미강사
알기 쉬운 중환자 재활	문재영 외	군자출판사

● 보건>피부미용

피부, 헤어, 메이크업 등 인간의 아름다움을 연출하는 전문 인력을 양성하는 데 목적이 있다.

책제목	저자	출판사
개코의 오픈 스튜디오	민새롬	동아일보사
당신의 상식이 피부를 죽인다	이상준 외	쌤앤파커스
동안 피부 솔루션	박병순	삼성출판사
명품 피부를 망치는 42가지 진실	정혜신 외	위즈덤스타일
피부분석학	드림비전 피부과학연구소	성안당

● 약학>약학

약을 통한 인류의 건강증진을 위해서 효능이 뛰어나며 안전한 의약품을 개발하며, 우수한 품질의 의약품을 제조하고, 생산 및 연구하며, 환자에게 올바르게 복약지도 하는 것을 목표로 하는 분야다.

책제목	저자	출판사
약 이야기	한석규	동명사
내 몸에 약 내 몸에 독	홍문화	아이템북스
신약 개발의 비밀을 알고 싶니?	김선	비룡소
위대하고 위험한 약 이야기	정진호	푸른숲
새로운 약은 어떻게 창조되나	교토대학대학원 약학연구과	서울대학교 출판문화원

● 약학 > 한약학

동양의 전통 약물을 응용해서 인류를 각종 질병으로부터 예방, 치료를 공부하는 분야다.

책제목	저자	출판사
소설 동의보감	이은성	마로니에북스
흰띠 한약사	이혁	생각나눔
처방전이 있는 동의보감 한약치료	조경남	푸른행복
한약재 편람	한약재평가기술 과학화연구사업단	서울대학교 출판문화원
가깝고도 먼 한의원	최평락	한나래플러스

● 의료예과 > 수의예과

가축, 애완동물, 어류동물, 야생동물 등 다양한 동물의 생리, 조직 등 기초 과목을 학습하는 분야다.

책제목	저자	출판사
수의사가 말하는 수의사	김영찬 외	부키
아름답고 슬픈 야생동물이야기	어니스트 톰프슨 시턴	푸른숲주니어
유기동물에 관한 슬픈 보고서	고마다 사에	책공장더불어
유쾌한 수의사의 동물병원 24시	박대곤	부키
희망의 이유	제인 구달	궁리

◉ 의료예과 > 의예과

물리나 화학, 생물 등 의학의 기초적인 생명과학 분야를 공부하고, 의사가 되기 위한 자질을 함양할 수 있도록 통계학, 행동과학, 심리학, 윤리학, 의철학 등 인문사회의학을 포함하는 기초교양과목을 학습하는 분야다.

책제목	저자	출판사
의학의 역사	재컬린 더핀	사이언스북스
불량의학	크리스토퍼 완제크	열대림
나는 의사다	나는 의사다 제작팀	청년의사
병원에서 죽는다는 것	야마자키 후미오	잇북
차가운 의학, 따뜻한 의사	로렌스 A. 사벳	청년의사

◉ 의료예과 > 치의예과

치과의사가 되기 위한 기본 교양과정 및 자연과학 과목 등 치의학의 광범위한 학문 분야의 학습에 필요한 기본적인 지식을 학습하는 분야다.

책제목	저자	출판사
치과의사가 말하는 치과의사	안현세 외	부키
치아 절대 뽑지 마라	기노 코지 외	예문사
건치, 이상한 치과의사들의 이야기	건치신문편집국	맑은샘
한국 근현대 치과의료체계의 형성과 발전	이주연	혜안
치과 심리학	홍석진 외	전남대학교출판부

◉ 의료예과 > 한의예과

서양 및 동양의학의 기초지식을 쌓을 수 있도록 생화학, 미생물학, 해부학, 동양철학, 본초학, 약용식물학 등의 기초적인 자연과학 과정을 학습하는 분야다.

책제목	저자	출판사
소설 동의보감	이은성	마로니에북스
기의 철학	장입문	예문서원
의학입문 맥학강의	임동국	물고기숲

한방이 답이다	매일경제TV〈건강 한의사〉	매일경제신문사
낮은 한의학	이상곤	사이언스북스

인문사회계열

● 경영·경제 > 경영정보학

세계적인 정보화 추세에 기업경쟁력의 핵심요소인 정보기술을 이해, 응용해서 기업 경영관리와 효율적 사업 수행에 필요한 정보의 수집, 저장, 관리를 공부한다.

책제목	저자	출판사
위키노믹스	돈 탭스코트 외	21세기북스
빌 게이츠의 창조적 자본주의	마이클 킨슬리	이콘
The Goal	엘리 골드렛 외	동양북스
미래경영	피터 드러커	청림출판
구글 성공 신화의 비밀	데이비드 A. 바이스 외	황금부엉이

● 경영·경제 > 경영학

모든 경영조직의 경영현상에 관한 이론과 이의 응용 및 기업 환경에 따라 나타나는 제반 문제를 분석하고 해결할 수 있는 인재를 양성한다.

책제목	저자	출판사
17살, 돈의 가치를 알아야 할 나이	한진수	책읽는수요일
넛지	리처드 탈러 외	리더스북
부의 미래	앨빈 토플러	청림출판
잭 웰치 : 경영의 신	정산	자음과모음
제3물결	앨빈 토플러	한국경제신문사

● 경영·경제 > 경제학

개인이나 사회가 한정된 자원을 선택적으로 사용해서 재화나 서비스를 생산·분배·교환·소비하는 과정에서 나타나는 다양한 경제현상을 배운다.

책제목	저자	출판사
괴짜 경제학	스티븐 레빗 외	웅진지식하우스
17살 경제학 플러스	한진수	책읽는수요일
경제 심리학	댄 애리얼리	청림출판
경제교과서, 세상에 딴지 걸다	이완배	푸른숲주니어
하버드 박사의 경제학 블로그	김대환	살림

● 경영·경제 > 관광학

인간 삶의 중요한 요소인 여가와 관광에 대해서 체계적으로 연구하는 학문으로서 굴뚝 없는 산업이라 불리는 초부가가치 관광산업에 대해 배운다.

책제목	저자	출판사
바람의 딸 걸어서 지구 세 바퀴 반	한비야	푸른숲
아리랑 청년, 세계를 달리다	문현우	넥서스BOOKS
여행의 기술	알랭 드 보통	청미래
호텔 브랜드 이야기	테라다 나오코	이숲
호텔왕 힐튼	콘라드 N. 힐튼	일신서적

● 경영·경제 > 광고·홍보학

현대사회에서 광고의 역할과 광고에 나타나는 커뮤니케이션 현상, 물적자원 및 인적자원 등에 대한 광고·홍보 분야를 연구한다.

책제목	저자	출판사
광고인이 말하는 광고인	안상헌 외	부키
광고천재 이제석	이제석	학고재
누가 내 머릿속에 브랜드를 넣었지?	박지혜	뜨인돌출판사

생각하는 미친놈	박서원	센추리원
인문학으로 광고하다	박웅현 외	알마

● 경영·경제 > 금융·회계·세무학

　금융, 재무, 보험, 세무, 회계 등에 관한 제반이론과 그 실제적인 응용방법을 배운다.

책제목	저자	출판사
괴짜 경제학	스티븐 레빗	웅진지식하우스
공부의 달인 호모 쿵푸스	고미숙	북드라망
여행의 숲을 여행하다	김재기	향연
회계사 아빠가 딸에게 보내는 32+1통의 편지	야마다 유	비룡소
회계학 콘서트 1 : 수익과 비용	하야시 아츠무	한국경제신문

● 경영·경제 > 무역·유통학

　국가 간에 이뤄지는 물품거래, 서비스, 기술, 자원 등의 국제적 이동에 관한 현상, 국제 상거래상의 각종 상관습 및 법리, 물품 생산 및 공급 등을 공부한다.

책제목	저자	출판사
어떻게 원하는 것을 얻는가	스튜어트 다이아몬드	8.0(에이트포인트)
인문의 숲에서 경영을 만나다	정진홍	21세기북스
장하준의 경제학 강의	장하준	부키
잭웰치·위대한 승리 : WINNING	잭 웰치 외	청림출판
혼 창 통 : 당신은 이 셋을 가졌는가?	이지훈	쌤앤파커스

● 경영·경제 > 부동산

　국토의 종합개발, 이용, 규제 등에 관한 각종 부동산 정책, 부동산의 공사법상의 권리관계 등에 대해서 배운다.

책제목	저자	출판사
토지	박경리	마로니에북스
로마인 이야기	시오노 나나미	한길사
백년의 고독	가브리엘 가르시아 마르케스	민음사
부유한 노예	로버트 라이시	김영사
예언자	칼릴 지브란	더클래식

● N.C.E > 비서

국제화, 정보화, 지식기반 경제사회에서 비서에게 요구되는 전문지식, 외국어, 사무기술 등을 연구하는 분야이며, 전문지식, 외국어, 사무기술 등의 능력을 종합적으로 갖춘 전문 비서인력을 양성한다.

책제목	저자	출판사
비서실무의 이해	장은주	한올
비서처럼 하라	조관일	쌤앤파커스
비서백서 : 실전편	이준의	경향미디어
비서실무론	고창섭	민지사
비서학원론	고창섭	학문사

● 법학 > 법학

정의의 실현 및 질서의 유지를 기본가치로 하는 강제적 사회규범으로서의 법을 중심으로 재판이나 행정사무 등 실제 법 현상에의 구체적 적용이나 관련 정책결정에서의 실용적 기능 등을 강조한다.

책제목	저자	출판사
나는 죄 없이 죽는다	존 래프랜드	책보세
만화로 배우는 민법판례 140	이영창	박문각
법은 사회의 브레이크인가, 엔진인가	에마뉘엘 피라	모티브북
살면서 꼭 필요한 생활법률	홍진원 외	삼양미디어
인저스티스	브라이언 해리스	열대림

● 사회과학 > 교양사회과학

순수학문 분야의 발전에 기여하고 고도산업기술 사회에 적응할 전문가와 정보화 사회를 주도할 역량 있는 지도자를 양성한다.

책제목	저자	출판사
소설에서 만난 사회학	조주은 외	경북대학교출판부
세상읽기와 세상만들기 : 사회과학의 이해	김광억	서울대학교편집부
꼭 읽어야 할 인문·사회과학 테마 100선	타임기획편집부	타임기획
노년 : 인생 제2막의 삶	진영선	경북대학교출판부
세계의 교양을 읽는다 2~4	최영주	휴머니스트

● 사회과학 > 국제학

세계 여러 나라의 정치, 경제, 사회 등을 종합적으로 연구한다.

책제목	저자	출판사
영어 글쓰기의 기본	윌리엄 스트렁크 2세	인간희극
파이 이야기	얀 마텔	작가정신
연을 쫓는 아이	할레드 호세이니	현대문학
누구를 위하여 종은 울리나	어니스트 헤밍웨이	민음사
중국문화에 담긴 중국어 이야기	로보원	다락원

● 사회과학 > 도시·지역·지리학

경제학, 지리학에 토대를 둔 종합학문으로서 도시 및 지역개발문제를 경제적, 사회적, 물리적 측면에서 분석하고 공부한다.

책제목	저자	출판사
공간의 힘	하름 데 블레이	천지인
반 룬의 지리학	헨드릭 W. 반 룬	아이필드
세계 지리 오디세이	장서우밍 외	일빛
인문지리학의 시선	전종한	사회평론
택리지	이중환	을유문화사

◉ 사회과학 > 문헌정보학

인간의 지적 활동에 필요한 정보의 수집, 조직, 축적, 검색, 이용, 평가 등을 체계적으로 연구한다.

책제목	저자	출판사
도서관, 그 소란스러운 역사	매튜 배틀스	지식의숲
도서관의 탄생	스튜어트 A. P. 머레이	예경
세상은 한 권의 책이었다	소피 카사뉴 브루케	마티
책과 독서의 문화사	육영수	책세상
히말라야 도서관	존 우드	세종서적

◉ 사회과학 > 사회복지학

가정, 사회, 노인, 청소년, 산업복지, 재활복지 등 많은 사회 복지문제들의 해결방법을 배운다.

책제목	저자	출판사
그들이 아닌 우리를 위한 복지	양옥경 외	학지사
사회복지사의 희망이야기	노혜련 외	학지사
복지국가 스웨덴	신필균	후마니타스
사회복지사 김세진의 독서노트	김세진	푸른복지
이제 쓸모없는 사람은 없다	에드가 칸	아르케

◉ 사회과학 > 사회학

사회현상을 설명하고, 이를 기초로 더 나은 사회를 모색하는 것을 연구한다.

책제목	저자	출판사
공산당 선언	칼 마르크스 외	이론과실천
네트워크 사회의 도래	마뉴엘 카스텔	한울아카데미
사회를 보는 새로운 눈	학술단체협의회	한울
사회학적 상상력	C. 라이트 밀즈	돌베개
프로테스탄티즘의 윤리와 자본주의 정신	막스 베버	문예출판사

◉ 사회과학 > 소비자 · 가정자원

가계와 소비자가 변화하는 시장 환경에 합리적으로 대처하고 가정자원을 효과적 · 효율적으로 관리해서 가계 · 소비자 복지를 실현하고 가정생활의 질을 향상시키는 방안을 배운다.

책제목	저자	출판사
나이 들어 호강하는 사람, 나이 들어 고생하는 사람	오정선	시대의창
소비의 사회학	Peter Corrigan	그린
시장은 정말 우리를 행복하게 하는가	이정선	한길사
알기 쉬운 가계경제학	강이주	신정
현대 소비자론	장흥섭	경북대학교출판부

◉ 사회과학 > 심리학

인간의 마음과 행동을 과학적으로 연구한다. 인간의 마음에 총체적으로 관심을 가지고 있고 개인에 초점을 맞추며 경험과학의 방법론을 배운다.

책제목	저자	출판사
프레임	최인철	21세기북스
20세기를 빛낸 심리학자	최창호	학지사
인간의 두 얼굴	EBS 인간의 두 얼굴 제작팀	지식채널
스키너의 심리상자 열기	로렌 슬레이터	에코의서재
인간이해	알프레드 아들러	일빛

◉ 사회과학 > 아동 · 가족학

개인 가족, 지역사회의 맥락에서 아동과 가족의 건강한 성장과 발달을 지원하고 아동을 둘러싼 환경의 질적 수준을 높이고, 성공적인 결혼과 가족생활 증진에 기여하면서 궁극적으로 우리 사회의 삶의 질을 향상시키는 방안을 연구한다.

책제목	저자	출판사
개로 길러진 아이 : 사랑으로 트라우마를 극복하고 희망을 보여준 아이들	브루스 D. 페리 외	민음인
기적의 유치원	조혜경	쌤앤파커스
아기성장보고서	EBS아기성장 보고서 제작팀	예담
학대와 방임 피해 아동의 치료	Anthony J Urquiza 외	학지사
아동학대 문제 다루기	버넌 R. 위헤	교문사

◉ 사회과학 > 언론·방송·매체학

커뮤니케이션의 모든 영역을 다루는 종합적 학문으로서 여러 사회조직체와의 유기적인 관계 속에서 커뮤니케이션의 제 형태와 과정을 공부한다.

책제목	저자	출판사
PD, Who & How	홍경수 외	커뮤니케이션북스
미디어 공공성	미디어공공성 포럼	커뮤니케이션북스
왜 미디어를 연구하는가?	로저 실버스톤	커뮤니케이션북스
미디어의 이해 : 인간의 확장	마셜 매클루언	커뮤니케이션북스
표현자유의 역사	로버트 하그리브스	시아출판사

◉ 사회과학 > 인류학

인간을 문화적 측면과 생물학적 측면에서 종합적으로 탐구하고, 인간만이 가지고 있는 고유한 생물학적인 특징과 문화적인 특징이 어떻게 연유되고, 어떠한 과정을 통해서 변화해왔는가에 대해서 배운다.

책제목	저자	출판사
문화의 수수께끼	마빈 해리스	한길사
인류학의 거장들	제리 무어	한길사
처음 만나는 문화 인류학	한국문화인류학회	일조각
천 번의 붓질 한 번의 입맞춤	이건무 외	진인진
총, 균, 쇠	재레드 다이아몬드	문학사상사

● 사회과학 > 정치외교학

국내 및 국제사회에서 일어나는 다양한 정치·사회·경제 문제를 과학적으로 분석하고 비판적으로 평가하는 방법을 배운다.

책제목	저자	출판사
국가란 무엇인가	유시민	돌베개
군주론	니콜로 마키아벨리	서울대학교 출판문화원
민주화 이후의 민주주의	최장집	후마니타스
사회적 자본과 민주주의	로버트 D. 퍼트넘	박영사
정치학으로의 산책	21세기 정치연구회	한울아카데미

● 사회과학 > 행정학

바람직한 국가 경영을 위한 정부와 공공기관의 역할에 대해 연구하며, 중앙부처와 공기업 등 공공 분야의 효율적인 관리를 담당하는 행정 전문가를 양성한다.

책제목	저자	출판사
목민심서	정약용	북팜
세상을 바꾼 놀라운 정책들	조성주 외	유니스토리
한국지방조직론	임도빈	박영사
한국행정조직론	조석준 외	법문사
쉽게 쓴 행정학	주운현 외	윤성사

● 언어·문학 > 교양어·문학

순수학문 분야의 발전에 기여하고 고도산업기술 사회에 적응할 전문가와 정보화 사회를 주도할 역량 있는 지도자를 양성한다.

책제목	저자	출판사
마서즈 비니어드 섬 사람들은 수화로 말한다	노라 엘렌 그로스	한길사
수화가 꽃피는 마을	자닌 테송	한울림스페셜
문학, 교양의 시간	서은주	소명출판
인문학으로서의 문학	홍정선	문학과지성사
문학, 치유로 살아나다	신선미	푸른사상

● 언어·문학 > 국어·국문학

　한국어와 한국문학에 대한 연구를 통해 우리 민족의 문화와 정신을 창조적으로 계승, 발전시키는 것을 목표로 한다.

책제목	저자	출판사
국어 어문 규정집	대한교과서	대한교과서
국어과 선생님이 뽑은 한국단편소설 37선	김동인 외	북앤북
두근두근 내 인생	김애란	창비
성인식	이상권	자음과모음
한글에 대해 알아야 할 모든 것	최경봉 외	책과함께

● 언어·문학 > 기타 아시아어·문학

　아시아 각 지역의 언어와 문학을 연구하고, 이를 통해 우리나라가 속한 아시아 문명의 전통에 대한 올바른 이해를 목표로 한다.

책제목	저자	출판사
안개 낀 대륙의 아틀라스	이흐산 옥타이 아나르	문학동네
터키과자	얀 볼커르스	현대문학
동아시아 문화 공간과 한국 문학의 모색	신범순 외	어문학사
알타이어 속의 한국어, 한국어 속의 알타이어	도수희 외	역락
최초 몽골 위올진자로 전사한 몽골비사	최기호 외	한국문화사

● 언어·문학＞기타 유럽어·문학

유럽 여러 국가의 언어와 문학을 체계적으로 연구하는 학문 분야로, 유럽 문화 전반에 대한 이해를 넓힘으로써 국제화 시대에 능동적으로 대처할 수 있는 능력을 키우는 것을 목표로 한다.

책제목	저자	출판사
장미의 이름	움베르토 에코	열린책들
언어고고학	콜린 렌프류	에피스테메
지중해 언어의 만남	윤용수 외	산지니
전후 유럽 문학의 변화와 실험	이와야 쿠니오	웅진지식하우스
참을 수 없는 존재의 가벼움	밀란 쿤데라	민음사

● 언어·문학＞독일어·문학

독일어 습득과 아울러 독일어권인 독일, 오스트리아, 스위스 등지의 문학을 연구하는 학문 분야로서, 독일어권 국가의 문화와 정신을 이해하고, 이 나라들과의 교류를 확대·발전시키는 것을 목표로 한다.

책제목	저자	출판사
데미안	헤르만 헤세	민음사
독일, 어느 겨울동화	하인리히 하이네	시공사
독일인의 사랑	막스 뮐러	문예출판사
뷔히너 문학전집	게오르크 뷔히너	지식을만드는지식
파우스트	요한 볼프강 폰 괴테	문학동네

● 언어·문학＞러시아어·문학

러시아어와 러시아문학을 연구하는 학문 분야로서, 러시아의 문화와 정신을 이해하고 러시아와의 교류를 확대·발전시키는 것을 목표로 한다.

책제목	저자	출판사
닥터 지바고	보리스 파스테르나크	열린책들
대위의 딸	알렉산드르 푸슈킨	열린책들
우리 시대의 영웅	미하일 레르몬토프	문학동네
전쟁과 평화	레프 톨스토이	문학동네
첫사랑	투르게네프	범우사

◉ 언어·문학 > 스페인어·문학

스페인어에 대해 체계적인 어학 교육을 하고, 그 기초 위에서 스페인 및 중남미의 문화와 정신을 이해하고 연구하는 것을 목표로 한다.

책제목	저자	출판사
유럽의 첫 번째 태양, 스페인	서희석 외	을유문화사
연금술사	파울로 코엘료	문학동네
착한 성인 마누엘 외	미겔 데 우나무노	한국외국어 대학교출판부
백 년 동안의 고독	G. 마르케스	문학사상
바다와 마법사	파트리시아 가르시아로호	창비

◉ 언어·문학 > 언어학

특정 언어에 제한을 두지 않고 인간의 언어를 과학적으로 연구한다.

책제목	저자	출판사
언어학 101	장영준	한국문화사
일반언어학 강의	페르디낭 드 소쉬르	민음사
언어학의 이해	김진호	역락
언어학의 역사	로버트 로빈스	한국문화사
현대 언어학의 흐름	황규홍 외	동인

◉ 언어·문학 > 영어·영문학

영어권문학과 문화를 연구하는 학문 분야로서, 영어권의 문화와 정신을 탐구하고, 세계화 시대의 대표적인 의사소통 수단인 영어에 대한 어학능력을 향상시키는 것을 목표로 한다.

책제목	저자	출판사
1984	조지 오웰	문학동네
누가 내 치즈를 옮겼을까?	스펜서 존슨	진명출판사
영문학 스캔들	서수경	인서트
영문학의 이해와 글쓰기	에드가 V. 로버츠	한울아카데미
죽은 시인의 사회	N. H. 클라인바움	서교출판사

◉ 언어·문학 > 일본어·문학

일본어와 일본문학을 연구하는 학문 분야로서, 일본의 문화와 정신을 이해하고 일본과의 교류를 확대·발전시키는 것을 목표로 한다.

책제목	저자	출판사
나는 고양이로소이다	나쓰메 소세키	문학사상사
상실의 시대	무라카미 하루키	문학사상사
바쇼의 하이쿠 기행	마츠오 바쇼	바다출판사
일본 언어와 문학	한국외국어대학교 일본연구소	제이엔씨
일본문학의 이해	최재철	민음사

◉ 언어·문학 > 중국어·문학

중국어와 중국문학을 연구하는 학문 분야로서, 중국의 문화와 정신을 이해하고 중국과의 교류를 확대·발전시키는 것을 목표로 한다.

책제목	저자	출판사
중국문학의 즐거움	고려대학교 중국학연구소	차이나하우스
중국문화풍경	주성화	한림대학교출판부
두보시선	두보	문이재
허삼관 매혈기	위화	푸른숲
홍까오량 가족	모옌	문학과지성사

● 언어·문학 > 프랑스어·문학

프랑스어와 프랑스문학을 연구하는 학문 분야로서, 프랑스와 프랑스어 사용 국가의 문화와 정신을 이해하고, 이 나라들과의 교류를 확대·발전시키는 것을 목표로 한다.

책제목	저자	출판사
별	알퐁스 도데	보물창고
좁은 문	앙드레 폴 기욤 지드	현대문화센터
이방인	알베르 카뮈	새움
꽃의 지혜	모리스 마테를링크	아르테
몽테뉴 수상록	몽테뉴	동서문화사

● 인문학 > 교양인문학

인문계열 내 특정 전공학과에 대한 전문과정의 기초를 닦는 것에 목적을 둔 분야다.

책제목	저자	출판사
나를 위한 교양수업	세기 히로시	시공사
보통남녀 교양인문학	김숙영	플럼북스
지적 대화를 위한 넓고 얕은 지식	채사장	한빛비즈
교양인을 위한 인문학 사전	이안 뷰캐넌	자음과모음
교양으로 읽는 인문학 클래식	이현성	스타북스

◉ 인문학 > 국제지역학

국제지역학 분야는 세계 여러 지역의 언어와 문화에 대해 탐구하고 연구하는 분야다.

책제목	저자	출판사
쉽게 이해하는 중국문화	김태만 외	다락원
조선과 그 이웃나라들	I. B 비숍	집문당
세계의 민족지도	21세기연구회	살림
우리는 걷는다	윤병용	효형출판
국제지역학의 이해	이재기	두남

◉ 인문학 > 문화·민속·미술사학

문화·민속·미술사학 분야는 인류의 사회, 문화, 미술 일반을 총체론적 관점에서 연구하는 분야다.

책제목	저자	출판사
모바일 혁명이 만드는 비즈니스 미래지도	김중태	한스미디어
문화콘텐츠 스토리텔링	정창권	북코리아
미디어 아트	진중권	휴머니스트
미학의 역사	미학대계간행회	서울대학교출판부
예술수업	오종우	어크로스

◉ 인문학 > 역사·고고학

인간사회의 과거로부터 현재에 이르는 변천의 기록 및 그와 관계된 물질자료를 연구 대상으로 하는 학문 분야다.

책제목	저자	출판사
거침없이 빠져드는 역사이야기:고고학 편	궈시팅	시그마북스
고고학과 박물관 그리고 나	지건길	학연문화사
과거를 추적하는 수사관, 고고학자	볼프강 코른	주니어김영사

인물로 본 고고학사	최몽룡 외	한울아카데미
호메로스에서 돈키호테까지	윌리엄 L. 랭어	푸른역사

● 인문학 > 종교학

다양한 시대와 지역, 문화 내에 존재하는 여러 종교를 탐구하고 이해하는 학문 분야다.

책제목	저자	출판사
만들어진 신	리처드 도킨스	김영사
이성의 한계 안에서의 종교	임마누엘 칸트	이화여자대학교출판부
종교의 본질에 대하여	루드비히 포이어바흐	한길사
이야기 종교학	이길용	종문화사
종교학 세계명저 30선	시마조노 스스무	지식여행

● 인문학 > 철학·윤리학

세계와 인간을 폭넓게 이해하고 가치 있는 실천의지를 탐구하며, 동서양의 윤리사상의 흐름을 파악하고, 윤리의 주체가 되는 인간에 대해서 연구하며, 인간 공동체의 현상인 사회와 국가에 대해서 연구하는 학문 분야다.

책제목	저자	출판사
순수이성비판	임마누엘 칸트	박영사
돼지가 철학에 빠진 날	스티븐 로	김영사
니코마코스 윤리학	아리스토텔레스	길
소피의 세계	요슈타인 가아더	현암사
철학 vs 철학	강신주	그린비

● 교육 > 교육학

교육현상에 관한 과학적인 탐구와 그 체계화를 꾀하는 학문 분야로 주로 교수전략이나 방법을 공부한다.

책제목	저자	출판사
민주주의와 교육	존 듀이	교육과학사
리틀 몬스터 : 대학교수가 된 ADHD 소년	Robert Jergen	학지사
우리가 꿈꾸는 아름다운 학교	김신일 외	교육과학사
섬머힐	A. S. 니일	문음사
핀란드 교육혁명	한국교육네트워크 총서 기획팀	살림터

● 교육 > 유아교육학

영유아기의 신체적·정서적·사회적·인지적 발달을 체계적으로 연구하고, 유아의 잠재력 개발과 전인적인 성장과 발달을 돕기 위해 필요한 전문지식과 풍부한 현장경험을 갖춘 유아교사 및 유아교육 전문가를 양성하는 데 목적이 있다.

책제목	저자	출판사
인간의 교육	프리드리히 프뢰벨	양서원
마주 이야기, 아이는 들어주는 만큼 자란다	박문희	보리
아이들은 놀기 위해 세상에 온다	편해문	소나무
놀이의 달인, 호모 루덴스	한경애	그린비
놀이와 유아교육	제임스 존슨	학지사

● 교육 > 중등사회교육 > 사회교육

정치, 경제, 사회문화, 법규범 등 제반 사회현상을 과학적으로 탐구하고 비판적으로 분석해서 합리적으로 의사결정을 내릴 수 있는 지식, 가치와 태도, 기능을 키우는 학과로서, 이러한 지식을 토대로 미래의 민주시민을 양성하는 사회교사를 배출한다.

책제목	저자	출판사
그 순간 대한민국이 바뀌었다	김욱	개마고원
디케의 눈	금태섭	궁리
사회선생님이 뽑은 우리 사회를 움직인 판결	전국사회교사모임	휴머니스트
이카루스의 날개로 태양을 향해 날다	안경환	효형출판
교육사회학	김신일	교육과학사

● 교육 > 중등사회교육 > 역사교육

중등학교에서 역사교육을 담당할 유능한 역사교사를 양성하는 동시에 역사학 연구에 종사할 역사학자를 길러내는 목표를 가진다.

책제목	저자	출판사
교실 밖 국사여행	역사학연구소	사계절
미래를 여는 역사	한중일 3국 공동 역사편찬위원회	한겨레신문사
통세계사 1, 2	김상훈	다산에듀
한국사 기행	조유전 외	책문
한국사 카페 1, 2, 3	장용준	북멘토

● 교육 > 중등사회교육 > 윤리교육

청소년들에게 자유민주주의 국가의 국민으로서 우리나라의 역사·문화적 전통과 국가·사회적 현실에 대한 이해를 도울 수 있는 중·고등학교 교사를 양성한다.

책제목	저자	출판사
니코마코스 윤리학	아리스토텔레스	풀빛
도덕적 인간과 비도덕적인 사회	라인홀드 니버	대한기독교서회
논어	공자	서책
프로테스탄트 윤리와 자본주의 정신	막스 베버	풀빛
우리가 정말 알아야 할 우리 선비	정옥자	현암사

● 교육 > 중등사회교육 > 지리교육

중학교 사회과의 지리교육, 고등학교 지리교육에 필요한 지리학 및 지리교육에 관한 폭넓은 이론연구와 다양한 현장 실습을 실시하고 지리과의 교수, 학습 및 평가에 정통하고 사고능력이 탁월한 지리교사를 양성한다.

책제목	저자	출판사
교실 밖 지리여행	노웅희 외	사계절
네모에 담은 지구	손일	푸른길
지구 끝까지	제러미 하우드	푸른길
세계지리를 보다	박찬영 외	리베르스쿨
세계화 시대의 세계지리 읽기	옥한석 외	한울아카데미

● 교육 > 중등언어교육 > 국어교육

인간의 언어행위와 학교 및 사회에서의 언어현상을 연구며, 학교에서의 국어교육, 사회적 언어소통에 기여할 자질 있고 능력이 있는 전문가 양성에 목적이 있다.

책제목	저자	출판사
우리말의 상상력	정호완	정신세계사
청소년을 위한 삼국유사	김봉주	두리미디어
혼불	최명희	매안
문학@국어교육	류수열	역락
삶을 위한 국어교육	이계삼	교육공동체벗

● 교육 > 중등언어교육 > 독일어교육

독어교육 및 독일어 문학 전반에 관한 이론과 실제를 연구하며 21세기 한국의 독어교육은 물론, 인문학 발전에 기여할 수 있는 유능하고 창의적인 독일어 교사를 양성하는 데 목적이 있다.

책제목	저자	출판사
고전의 힘	강명관 외	꿈결
변신	프란츠 카프카	열린책들
향수	파트리크 쥐스킨트	열린책들
헤세는 이렇게 말했다	헤르만 헤세	책읽는오두막
행복한 독일교육 이야기	김택환	자미산

● 교육 > 중등언어교육 > 불어교육

프랑스어 교육 및 프랑스어 문학 전반에 대해 체계적으로 연구하며, 중등학교 프랑스어 교사를 양성하는 데 목적이 있다.

책제목	저자	출판사
사진과 그림으로 보는 케임브리지 프랑스사	콜린 존스	시공사
이야기 프랑스사	윤선자	청아출판
프랑스 하나 그리고 여럿	서울대학교 불어문화권 연구소	강
한국의 불어교육	장한업	이화여자대학교출판부
생각의 지도	리처드 니스벳	김영사

● 교육＞중등언어교육＞영어교육

언어 습득과 관련해서 인간에 대한 폭넓고 체계적인 지식은 물론, 언어를 교육하는 현장에서 요구되는 제반 교육의 이론과 실제에 대해 전문적으로 교육한다.

책제목	저자	출판사
Walden	Henry David Thoreau	Oxford U.K
공부를 넘어 교육으로	마사 누스바움	궁리
기억 전달자	로이스 로리	비룡소
존 스튜어트 밀 자서전	존 스튜어트 밀	창
처음 읽는 미국사	전국역사교사모임	휴머니스트

● 교육＞초등교육

아동의 심리적 특성, 교육의 과정 및 교육 환경에 대한 다각적 이해를 바탕으로 최대의 교육적 효과를 거둘 수 있도록 이론적 기초와 실천적 지식을 갖춘 초등학교 교사 및 초등교육 전문가를 양성하는 데 목적이 있다.

책제목	저자	출판사
초등교육학 서설	이병진	문음사
초등국어교육학 개론	신헌재 외	박이정
초등학교 진로교육의 실제	황매향 외	사회평론아카데미
초등 학급운영 어떻게 할까?	이영근	보리
초등 평가 혁신	김해경 외	맘에드림

● 교육＞특수교육학

더불어 사는 사회를 실현하기 위해서 특수교육 및 통합보육에 관한 전문적인 지식과 기술을 갖춘 ^(통합)보육교사와 보육시설에서의 특수교사자격을 갖춘 전문가 양성에 목적이 있다.

책제목	저자	출판사
교육이란 무엇인가?	정진곤	교육과학사
발달장애아동의 마음읽기	주부노우사	시그마프레스
세계인권선언	이부록	프롬나드
어느 자폐인 이야기	템플 그랜딘	김영사
장애아로 키우지 마라	프랑신 페르랑	한울림스페셜

예체능계열

◉ N.C.E > 뷰티아트

인간과학과 예술에 바탕을 둔 하이테크 분야로 과학적 기초 위에 미용기술의 다양한 응용 분야를 습득하게 해서 미용예술을 창조할 수 있는 능력을 배양하고 미적능력을 갖춘 전문 기술인 양성을 목표로 한다.

책제목	저자	출판사
뷰티 네일아트 북	박소현 외	학진북스
뷰티 & 헤어아트	정매자	광문각
오리지널 뷰티바이블	폴라 비가운	월드런트렌드
뉴욕 뷰티 에디터가 공개하는 뷰티 가이드북	로나 버그	넥서스BOOKS
뷰티마케팅 인문학으로 하라	박정현	고려원북스

◉ 무용·체육 > 무용

신체의 움직임을 통해 미적 형상을 창조하는 무용 분야의 이론과 실제를 연구하는 분야다.

책제목	저자	출판사
새로 읽는 뉴욕에서 무용가로 살아남기	심정민	민속원
무용가 이사도라 덩컨	꼬나	북스

한 걸음을 걸어도 나답게	강수진	인플루엔셜
무용 예술의 이해	김말복	이화여자대학교출판부
우리는 자유로워지기 위해 춤춘다	제환정	버튼북스

◉ 무용·체육 > 체육

건전한 신체와 온전한 운동 능력을 기르는 것을 목적으로, 스포츠를 통한 국민의 건강 증진과 스포츠의 대중화, 경기력 향상 및 스포츠과학의 최신 정보를 제공하고, 이러한 체육활동에 대해서 과학적으로 공부한다.

책제목	저자	출판사
New 근육운동가이드	프레데릭 데라비에	삼호미디어
건강생활과 레저스포츠 즐기기	강선희 외	가림출판사
스포츠 문화를 읽다	이노우에 순 외	레인보우북스
체육 활동으로 배우는 가치	유정애 외	레인보우북스
체육과 스포츠의 역사	하남길 외	경상대학교출판부

◉ 미술 > 공예

실용성과 기능성, 심미성을 조화시킨 생활용품을 제작하는 광범위한 영역의 활동을 말하며, 수공적 생산 방식에 기반을 둔 점토, 금속, 나무, 섬유, 유리 등의 재료를 다루는 숙련된 제작 활동을 포함하는 분야다.

책제목	저자	출판사
오늘을 걷는 공예	2011청주국제 공예비엔날레	마로니에북스
현대인의 교양을 위한 공예의 이해	이수철 외	예경
공예의 길	야나기 무네요시	신구문화사
공예 디자인 혁신을 위한 융합적 사고	김종선	태학원
공예의 발명	글렌 아담슨	미진사

● 미술>디자인

인간생활의 편리함과 아름다움을 추구하는 디자인 전반에 대한 이론과 실기를 연구하는 분야다.

책제목	저자	출판사
Layout : 레이아웃의 모든 것	송민정	예경북스
디자이너가 말하는 디자이너	오준식 외	부키
디자인과 시각 커뮤니케이션	브루노 무나리	두성
디자인의 디자인	하라 켄야	안그라픽스
Design Thinking	닛케이디자인	우듬지

● 미술>미술학

동·서양의 전통적인 기법에 의한 사실적이고, 구상적인 표현양식과 미의식에 대한 이해를 바탕으로 한국화와 서양화를 탐구하고, 조각과 소조의 조형원리를 기반으로 다양한 재료의 특성 및 새로운 표현양식과 기법을 연구하는 분야다.

책제목	저자	출판사
고뇌의 원근법	서경식	돌베개
한국의 미 특강	오주석	푸른역사
현대미술 보이지 않는 것을 보여주다	프랑크 슐츠	미술문화
현대미술의 이해	임영방	서울대학교출판부
혼자 가는 미술관	프랑크 슐츠	미술문화

● 미술>순수미술

인간의 미적 요구의 실현 및 미적 세계의 창조를 통해 삶의 질을 개선하고 생활공간 예술화를 연구하는 분야다.

책제목	저자	출판사
반 고흐, 영혼의 편지	빈센트 반 고흐	예담

지식의 미술관	이주헌	아트북스
미술, 세상을 바꾸다	이태호	미술문화
현대미술 강의	조주연	글항아리
본다는 것의 의미	존 버거	동문선

● 미술>응용미술

인간의 미적 요구 실현뿐만 아니라 기능적인 목적을 접목해서 사회적·경제적·환경적 요인 및 기술상 이론과 실제에 대해서 연구하는 분야다.

책제목	저자	출판사
미술과 저작권	하병현 외	북스데이
버려지는 디자인 통과되는 디자인	이민기 외	길벗
기초 디자인 교과서	한국디자인학회	안그라픽스
디자인의 가치	프랭크 바그너	안그라픽스
불변의 디자인 룰 150	윌리암 리드웰 외	우듬지

● 연극·영화>방송연예

다양한 형태의 방송매체와 공연, 영화예술에 적합한 연기자, 연출, 스텝 등 장래 엔터테이너로서의 자질을 개발하고 교육해서, 세계화 시대에 공헌하는 방송, TV, 영화, 연극, 뮤지컬 등의 전문 엔터테이너의 육성을 목적으로 한다.

책제목	저자	출판사
연예 직업의 발견	장서윤	틈새책방
안녕하십니까, 저는 방송인입니다	강지연	시대에듀
방송연예론	김웅래	한울아카데미
뮤지컬	스티븐 시트론	미메시스
연기의 세계	김석만	연극과인간

● 연극·영화>연극

희곡을 바탕으로 한 연출자의 지도에 따라 분장, 음향, 조명 등의 장치 효과를 빌어 연기자가 특정 장소에서 몸짓과 대사로 연기를 해서 작품을 완성하는 분야다.

책제목	저자	출판사
배우수련	안민수	김영사
연극	한국연극교육학회	연극과인간
연극 이해의 길	밀리 S. 배린저	평민사
연기의 첫걸음	워렌 로버트슨	한울
연기 아카데미	손영호	청어

● 연극·영화>영화

기획, 제작, 완성단계에 걸친 전반적인 영화작업을 파악할 수 있도록 영화의 이론과 제반 테크놀로지를 습득하고, 영화창작 예술가로서의 철학과 창의성을 체계적으로 교육한다.

책제목	저자	출판사
라캉과 영화이론	토드 맥고완 외	인간사랑
학교에서 영화 찍자	안슬기	다른
한국 단편영화의 이해	문학산	커뮤니케이션북스
영화란 무엇인가?	앙드레 바쟁	퍼플
영화의 이해	루이스 자네티	케이스북스

● 음악·국악>국악

우리 전통음악의 우수성 및 국경과 문화를 초월한 보편성을 이론적으로 체계화하고, 민족음악 예술교육의 전문화, 특성화와 아울러 가무극, 창극, 국악 관련 영상 등의 뉴미디어 분야를 공부한다.

책제목	저자	출판사
다시 보는 판소리	백대웅	어울림
재미있는 우리 국악이야기	이성재	서해문집
현의 노래	김훈	문학동네
국악은 젊다 : 처음 만나는 우리 소리	이주항	예경
재미있는 국악 지휘 이야기	홍희철	새로운사람들

● 음악·국악 > 기악

다양한 악기로 인간의 정서를 표현하며, 고전부터 현대음악까지 전 영역의 음악을 연주한다. 새로운 연주기법의 변화, 습득, 개발 등을 연구하는 분야다.

책제목	저자	출판사
쉽고 즐거운 기악합주곡집	정윤선	창지사
기악반주의 예술	Heasook Rhee	지음
기악합주편곡법	안정모	다라
연주자를 위한 조성음악분석	송무경	예술
재미있는 음악사 이야기	신동헌	서울미디어

● 음악·국악 > 성악

성악의 기본이 되는 기초적 실기 분야인 발성에서부터 이론적 배경인 음악사, 화성, 대위 등 전반적인 기초지식 습득을 바탕으로 올바른 가창의 틀을 구축하고, 발성, 곡 해석, 오페라 등에 관해서 실습하고, 연구하는 분야다.

책제목	저자	출판사
성악의 기능적 훈련	Ivan Trusler	음악춘추사
성악인을 위한 딕션	조안 월 외	음악세계
성악의 기법	윌리엄 셰익스피어	청림출판
성악예술	정복주 외	예술
뤼텐보칼리제 교본	다라 편집부	다라

● 음악·국악 > 실용음악

컴퓨터 음악, 영상 음악, 방송 및 다양한 멀티미디어 매체를 위한 음향 기술 분야로서, 음악공연 예술 분야를 주도할 디지털 기반의 멀티미디어 프로듀서, 보컬 및 연주 전문 인력을 양성하고 연구하는 분야다.

책제목	저자	출판사
K·POP 세계를 홀리다	김학선	을유문화사
Paint it Rock	남무성	북폴리오
실용음악과 졸업 후 뭐하지?	최영준	예솔
실용음악 이론의 첫걸음	이창환	모노폴리
안 된다고 하지 말고 아니라고 하지 말고	임윤택	해냄

● 음악·국악 > 음악이론

음악이론 및 음악학에 관한 과정으로서, 동·서양을 망라한 음악의 전 분야에 걸쳐 연구하는 분야다.

책제목	저자	출판사
The Music 음악의 역사	아르놀트 베르너 예젠 외	예경
작품으로 보는 음악미학	우혜언 외	음악세계
현대사회 현대문화 현대음악	이석원	심설당
음악의 사회	송진범	음악춘추사
모차르트, 사회적 초상	노르베르트 엘리아스	포노

● 음악·국악 > 작곡

자신의 생각과 감정을 음으로 표현하는 창작 행위이며, 현대 음악을 포함한 수준 높은 음악의 창작을 위해서 음악의 기법과 어법들을 연구하는 분야다.

책제목	저자	출판사
음악가를 알면 클래식이 들린다 : 작곡가편	신동헌	서울미디어
나는 모드로 작곡한다	Kio 장기호	예솔
혼자서도 할 수 있는 K-Pop 작곡&프로듀싱	이근우	책미래

음악 없는 말	필립 글래스	프란츠
위대한 작곡가들을 만나보세요	준 몽고메리	상지원

● 응용예술>게임

컴퓨터게임 및 보드게임, e스포츠에 대해서 포괄적으로 연구하는 분야이며, 기획·프로그래밍·그래픽·운영 & QA·e스포츠 등, 문학·컴퓨터기술·영상관련 분야가 융합돼 상호 교류적 특성을 가지고 있다.

책제목	저자	출판사
게임 기획자와 개발자의 필독서 세트	디지털게임교과서 제작위원회 외	에이콘출판
재미있는 게임을 만드는 게임 밸런스 이야기	손형률	한빛미디어
게임 기획자와 시스템 기획	심재근	에이콘출판
1인 게임 개발자 & 컨셉아트 디자이너를 위한 게임 스케치업	조지훈	디지털북스
게임 프로그래밍 패턴	로버트 나이스트롬	한빛미디어

● 응용예술>만화

만화에 대해서 포괄적으로 연구하는 분야이며, 다양한 분야로의 전이가 가능한 문화 콘텐츠로 현대에 들어와 새로운 표현예술로서 평가받고 있다.

책제목	저자	출판사
만화의 이해	스콧 맥클라우드	비즈앤비즈
만화의 창작	스콧 맥클라우드	비즈앤비즈
쉽게 배우는 캐릭터 디자인 견본첩	니시무라 나오키	한스미디어
쉽게 배우는 만화 캐릭터 데생	미도리 후우	한스미디어
웹툰, 만화, 일러스트레이션 제작을 위한 클립 스튜디오	이상화 외	한빛미디어

● 응용예술>사진

　사진에 대해서 포괄적으로 연구하는 분야이며, 디지털 및 기계적 방식으로 영상을 표현하는 표현 매체로 사실적 기록성과 복제성이 뛰어나고, 특히 현대에 들어와 가장 효과적인 예술표현 매체로 주목받고 있다.

책제목	저자	출판사
사진의 역사	보먼트 뉴홀	열화당
사진	바바라 런던 외	미진사
사진의 모든 것	브라이언 피터슨	청어람미디어
사진, 말 없는 시	유병용	사진예술
사진의 본질 바라보기	브루스 반바움	에이콘출판

● 응용예술>애니메이션

　애니메이션영상에 대해서 포괄적으로 연구하는 분야이며, 이야기와 메시지를 실사와는 다른 방식으로 제작한 그래픽 기반의 영상으로 이해하기 쉽게 전달하고, 다양한 분야로의 전이가 가능한 문화 콘텐츠로 현대에 들어와 새로운 표현예술로서 평가받고 있다.

책제목	저자	출판사
최고의 스토리보드 만들기	주세페 크리스티아노	시공사
디지털 콘텐츠 제작을 위한 애니메이션 워크북	이상원	미술문화
기초지식 애니메이션 대백과사전	Kamimura Sachiko	조형사
애니메이션 영상 미학	류재형	커뮤니케이션스북스
애니메이션 시나리오	조용규	MJ미디어

● 응용예술>영상예술

연극, 영화, 연출, 제작, 촬영, 편집 등 영상과 관련된 전 분야를 포괄하며, 영화, 비디오, 컴퓨터 등의 영상매체를 통한 새로운 연출방식 및 여러 가지 미디어의 조화 등을 연구하는 분야다.

책제목	저자	출판사
영화와 영상문화	이상면	북코리아
한국문학과 영상예술의 서사미학	이종호	문현
영상의 이해	김남석 외	두양사
영상 이미지의 구조	주창윤	나남
영상 커뮤니케이션	베르너 크뢰버릴	커뮤니케이션북스

● 응용예술>음향

디지털 오디오의 신기술을 바탕으로 다양한 음향 작품을 제작에 필요한 음악 및 음향에 대한 이론적인 기반과 적용 및 제작을 연구하는 분야다.

책제목	저자	출판사
음향 퀵 스타트	최동욱	레오방송아카데미
폴리아티스트 소리를 부탁해	안익수	효형출판
음향효과	안익수	커뮤니케이션북스
음향 엔지니어의 음악 이야기	정일영	퍼플
미디어 음향	스탠리 알텐	커뮤니케이션북스

예체능계열(교육)

◉ 교육>중등예술·체육교육>음악교육

음악적 기능뿐 아니라 인격적으로 완성된 음악교육 전문가 양성을 목표로 하며, 음악교육 관련 이론과 실기와 더불어 교육학 이론을 배움으로써 교육현장에서 능숙히 지도할 수 있는 역량 있는 교사를 양성한다.

책제목	저자	출판사
Classics A to Z	민은기, 신혜승	음악세계
열려라 클래식	이헌석	돋을새김
내가 사랑하는 클래식 1~3	박종호	시공사

● 교육 > 중등예술·체육교육 > 체육교육

체육교육과는 체육교육 이론과 실기를 과학적으로 지도하는 전인적이고 미래지향적인 중등학교 체육교사 양성에 목적이 있으며, 생활체육지도자나 경기지도자 및 전문적인 체육학과를 양성하는 역할을 함께 수행하고 있다.

책제목	저자	출판사
내 몸 안의 주치의 면역	하기와라 기요후미	전나무숲
미디어 스포츠 사회학	김원제	커뮤니케이션북스
체육과 스포츠의 역사	하남길 외	경상대학교출판부
체육학의 철학적 이해	이정학	한국학술정보
스포츠심리학	황진 외	대한미디어

03 고등학생 학생부 연계 도서 연간 로드맵

고등학교와 공공기관에서 추천하는 도서를 기반으로 선정한 교과별 세부목록과 전공 관련 추천도서를 읽고, 다음의 학생부 연계 도서 연간 로드맵에 계획하고 읽은 책은 체크하자. 기록지에 기록하면 서류 준비의 초석이 준비된 셈이다.

1. 진로희망사항

〈기록 사항 : 창체 – 진로활동에 기록 가능하므로 개인 기록으로 활용 가능〉

	학년	특기 또는 흥미	진로희망	희망사유
기록 예시	2	독서, 신문 읽기	소설가	'레모니 스니켓(Lemony Snicket), J. K 롤링(J. K Rolling) 등 다양한 작가들의 소설을 읽으면서 글로 마음을 표현하는 작가가 되겠다는 꿈을 가지게 됨. 《내 심장을 쏴라》, 《나이트》 등 여러 분야의 책을 읽으며 다양한 방법의 글쓰기 방법과 언어구사력을 배웠으며, 타인과 공감할 수 있는 소설을 쓰겠다는 목표가 확고해짐.
나의 기록				

번호	진로 관련 도서 선택 후 목록 쓰기	진행 중 ●	완료 ✓
1			
2			
3			
4			
5			

2. 창의적 체험활동 상황

영역	특기사항			
자율활동	자율활동 내용	적응활동(입학, 진급 등), 자치활동(학생회, 1인 1역, 토론회 등), 행사활동(입학식, 학예회, 수련회, 수학여행 등), 창의적 특색활동(학교 전통수립 행동, 지역/학교/학급 특색활동 등)에 대한 인성 및 태도 판단을 위한 내용 기재.		
	기록 예시	청소년예술제:2년간 학생회 정책복지부장을 맡아 청소년예술제 기획을 함. '클라스가 다른 공연기획'을 통해 공연의 본질, 창의성, 협업, 혁신 등 공연의 기본 구조 이해와 효과적인 무대 제작 방법을 익힘. 삶, 꿈, 사람들 사이의 친화성을 바탕으로 기획하고 진행함.		
	나의 기록			
	번호	자율활동 관련 도서 선택 후 목록 쓰기	진행 중 ●	완료 ✓
	1			
	2			
	3			
	4			
	5			

동아리활동	동아리 활동 내용	학술활동(외국어 회화, 수학 탐구, 발명 등), 문화활동(조각, 회화, 오페라, 연극, 사진 등), **스포츠활동**(육상, 체조, 태권도 등), 청소년 단체활동(스카우트/걸스카우트, 우주소년단, 청소년적십자 등), 실습 노작활동(요리, 재배, 조경, 모형/로봇 제작 등)을 통한 전공 적합성 및 심화과정 증명
	기록 예시	외고연합신문 : '외고연합신문 총회'에 참석해서 회의 진행하며 다양한 주제들이 기삿거리로 언급됐을 때 《방송보도 기사 쓰기》를 읽으면서 기사의 표기와 표현 방식 및 전문 용어를 익힘. 취재가 무엇이고 취재기자가 지켜야 할 원칙에 대한 공부를 바탕으로 주제를 정해 기사 작성을 제안함. 축구 동아리 : 교내 축구 자율동아리에서 공격수를 맡음.《한 눈에 축구의 전략을 읽는다》를 통해 축구 전략의 전술 변천사, 다양한 진형의 축구 게임, 여러 나라의 전술을 분석해서 경기를 함. 친구들과도 함께 고민해 전략을 세우다 보니 모두가 축구를 재미있게 즐길 수 있는 분위기를 만들어냄.
	나의 기록	

번호	동아리활동 관련 도서 선택 후 목록 쓰기	진행 중 ●	완료 ✓
1			
2			
3			
4			
5			

봉사활동 (행특에 연관 지어 기록)	봉사 활동 내용	교내 봉사활동(병약자, 장애인 학생 돕기 등), **지역사회 봉사활** **동**(복지시설 일손돕기, 고아원, 양로원, 병원 위문활동, 난민 구호 등), **자연환경 보호활동**(깨끗한 환경 만들기, 자연보호, 저탄소 생활 습관화 등), **캠페인 활동**(공공시설, 교통안전, 환 경보전, 헌혈 등에 대한 캠페인 활동 등)을 통해 지역사회 발전 에 이바지하는 태도
	기록 예시	교사 보조: 영문학 반 학생들에게 가르침. 남에게 전달하는 과 정이 어렵다고 느낀 후 《훌륭한 교사를 위한 교육봉사》를 읽 고, 교육봉사의 개념 이해와 실질적으로 적용하는 방법을 배 움. 이후 교육봉사의 목표와 의의를 세워 학업지도를 진행했으 며, 성적이 오르고 경제학에 대해서도 튜터하는 기회를 만듦.
	나의 기록	

번호	봉사 관련 도서 선택 후 목록 쓰기	진행 중 ●	완료 ✓
1			
2			
3			
4			
5			

	진로 활동 내용	자기 이해활동(자기 이해 및 심성 계발, 자기 정체성 탐구, 각종 진로 검사 등), 진로정보 탐색활동(학업정보 탐색, 직업정보 탐색, 입시정 보 탐색, 직장 방문 등), 진로설계활동(학업 및 직업에 대한 진로설계 등), 진로체험활동(학업 및 직업세계의 이해 등)을 통한 태도와 전공 적합성 점검
진로 활동	기록 예시	인천 킨텍스와 세텍의 유아교육 분야 행사에 참여해서 지식과 정보를 얻음은 물론, 자신의 적성을 확인했고 미래 직업 목표를 보다 더 구체 적으로 설정했음. 자신의 진로에 꾸준히 관심을 가지고 탐색하는 노 력을 보이고 있으며, 특히 유아교재 및 미술 분야에 지대한 관심을 보 여줌. 지역 내 직업체험의 날에 구립어린이집을 방문해서 선생님들과 인터뷰를 하고 유치원 교사가 되기 위해 《딥스》, 《한 아이》를 읽고 인 터넷 정보검색 등을 통해 관련 정보수집에 노력을 기울이고 있음. 학 부모도 학생이 원하는 대로 적극적으로 지원할 의사가 있음. 관련 분 야의 체험활동과 아동미술 교육 전문가가 되기 위해 관심 분야인 《그 림으로 보는 그리스 로마 신화》 그림책 시리즈를 읽고 관찰하고 공부 함. 동화책도 선정해서 열심히 읽고 그에 대한 예술적 감각을 키워가 고 있음.
	나의 기록	

번호	동아리활동 관련 도서 선택 후 목록 쓰기	진행 중 ●	완료 ✓
1			
2			
3			
4			
5			

3. 세부능력 및 특기사항

세부특기 관련 내용	교과와 관련된 탐구활동의 경험, 본인의 자기주도적 학습 성향에 대한 평가, 교과 공부의 방향과 대학 전공학과의 관련성, 특별히 관심을 두거나 심화한 과목 또는 내용. 학년에 따른 성적 추이에 대한 평가를 중심으로 작성.
기록예시	국어 : 이효석의 《메밀 꽃 필 무렵》을 읽고 깊은 인상을 받아 독후감 쓰기에 참가해서 우수한 성적을 거둠. 이효석의 생가를 직접 방문함. 이효석 작가의 다른 작품인 《들》, 《수탉》 등을 찾아 읽어봄. 이때 《문학작품을 어떻게 가르칠 것인가》라는 책에서 읽은 내용을 이효석 작품과 연계해서 소설 속에 나타난 의미의 유형과 의미 관계를 바탕으로 작품을 분석함. 화학1 : 《일상적이지만 절대적인 화학지식 50》을 읽은 후 세포는 화학물질이 가득 들어찬 주머니이자, 미세한 화학 반응이 많이 일어난다는 이론을 알게 됨. 이런 지식을 기초로 '에너지를 얻고자 음식을 먹은 후 그 화학 반응이 일어남'을 알아내는 등 화학을 실생활에 적용하고 깊이 있게 탐구하기 위한 노력이 돋보임.
관련 과목 나의 기록	

번호	세특 교과목 관련 도서 선택 후 목록 쓰기	진행 중 ●	완료 ✓
1			
2			
3			
4			
5			

4. 독서활동 상황(교과목과 연결해서 세특에 반영 권장)

독서활동 내용	학생의 전반적인 독서성향, 특별히 관심을 가진 독서 분야, 학생의 중고교시절 독서활동의 의의, 독서활동의 일반적 의의에 관한 학생의 생각, 본인의 독서활동 등에서 중요한 내용들을 작성해 세특과 연결 활용	
기록예시	과목	독서활동 상황
	국어	《한글 맞춤법 강의》를 참고하며, 띄어쓰기 규칙과 표준어 규정, 외래어 표기까지 많은 부분을 배움. 생각보다 규정이 까다로워 친구들과 그 내용을 PPT로 공유함. 헷갈리는 맞춤법 내용을 친구들에게 알려줌으로써 고맙다는 인사를 받음. 그런 지식을 바탕으로 교내 맞춤법 대회에 나가 우수한 성적을 거둠.
관련 과목 나의 기록		

번호	교과목 관련 도서 선택 후 목록 쓰기	진행 중 ●	완료 ✓
1			
2			
3			
4			
5			

기록예시	과목	독서활동과 세특 연결
	영어	《이야기 미국사》를 읽은 후 콜럼버스가 신대륙을 발견하기 이전의 원주민의 역사와 독립운동, 그리고 제1~2차 세계대전까지 미국의 역사를 알게 됨. 이후 미국에 흥미를 갖게 됐고, 그들의 언어인 영어에도 관심이 높아져 미국사 시간에 5분간 미국사 스토리를 작성 발표함.
관련 과목 나의 기록		

번호	교과목 관련 도서 선택 후 목록 쓰기	진행 중 ●	완료 ✓
1			
2			
3			
4			
5			

	과목	독서활동과 세특 연결
기록예시	수학	《일상적이지만 절대적인 생활 속 수학지식 100》을 읽고 독후감을 작성함. 수학이란 으레 시험을 위해서 공부하는 과목이라는 인식이 있었으나, 책을 통해 로또에 당첨되는 방법, 감옥에 필요한 감시원 수, 철탑이 삼각형으로 이뤄진 이유 등의 이야기에 매료됨. 우리 일상생활 속에 적용된 수학의 사례들을 찾아보고 응용된 이론을 찾기 위해 공부하는 습관을 들임.
관련 과목 나의 기록		

번호	교과목 관련 도서 선택 후 목록 쓰기	진행 중 ●	완료 ✓
1			
2			
3			
4			
5			

기록예시	과목	독서활동과 세특 연결
	예체능	《연기의 세계》라는 책을 읽고 정리해서 잘 모르고 있던 연기(演技)의 정의를 깨닫게 됨. 연극의 본질이 연기에 있다는 사실을 배우고 연기에 관심 있는 학생들끼리 모여 〈로미오와 줄리엣〉 공연을 준비함. 특히 책에서 배운 등장인물의 유형 분석이 공연에 큰 도움이 됐음.
관련 과목 나의 기록		

번호	예체능 관련 도서 선택 후 도서목록 쓰기	진행 중 ●	완료 ✓
1			
2			
3			
4			
5			

	과목	독서활동과 세특 연결
기록예시	탐구	사회시간에 배운 국제 정세에 대해 관심이 생겨 '시리아 사태'에 대해서 조사하고 학생들 앞에서 발표함. 국제 정세에 의해 시리아라는 나라가 파괴되는 것을 보고, 과거 시리아의 모습이 궁금해져 시리아에서 작성한 기행서적 《1만 시간 동안의 아시아 3》을 읽고 시리아는 평화로운 우리나라와 다름없다는 점을 알게 됨. 시리아 내전이 끝나면 직접 그곳에 방문해보고 싶은 버킷리스트가 만들어져 장기 계획표에 기록함.
관련 과목 나의 기록		

번호	사회탐구 관련 도서 선택 후 도서목록 쓰기	진행 중 ●	완료 ✓
1			
2			
3			
4			
5			

04 내가 설계하는
연간 도서목록(고1~3학년 활용·특별구성)

분야	답을 찾고 싶은 질문	관련 도서 리스트	읽음 체크	
			진행 중 ●	완료 ✓
정보	독서의 필요성과 독서 로드맵에 대한 이해			
진로	나의 진로목표를 뚜렷하게 만들어 준 책			
	나에게 어떤 분야의 흥미를 불러일으켜 준 책			
	내가 잘하는 것을 알게 해준 책			
	다양한 미래 직업 탐색			
	미래사회의 직업에는 어떤 것들이 있을까?			
전공: 직업 가치관	내가 하고 싶고, 알고 싶은 분야에 대해 알게 해준 책			
	내가 가지고 싶은 직업은?			
가치관 자기성찰	자아존중감을 키워준 책			
	자기성격을 이해하게 해준 책			
잠재력	나의 강점을 알게 해준 책			
실천력	나에게 실천의지와 자신감을 준 책			
	책을 읽고 어떤 문제의 해결책을 떠오르게 해준 책			

분야	답을 찾고 싶은 질문	관련 도서 리스트	읽음 체크	
			진행 중 ●	완료 ✓
교과 연계	공부하는 데 교과의 단원과 연결해서 새로운 사실을 알게 해준 책	국어		
		영어		
		수학		
		사회		
		과학		
		체육		
		미술		
		음악		

분야	답을 찾고 싶은 질문	관련 도서 리스트	읽음 체크	
			진행 중 ●	완료 ✓
독서 학습 역량	책을 읽고 탐구심을 일깨워준 책 읽고 싶은 책, 호기심이 생기게 해준 책 인문학 책			
수행 평가	학교 수행평가에서 필요한 책			
프로젝트	학교 팀 프로젝트를 하는 데 필요한 책(주제에 따라 목록 만들기)			
소논문	소논문을 쓰는 데 필요한 책(주제에 따라 목록 만들기)			
글쓰기 능력	글쓰기 능력을 키워준 책, 변화를 제공해준 책			
창의력	아이디어를 준 책			
봉사	다양한 봉사에 대해 생각해보게 하는 책			

분야	답을 찾고 싶은 질문	관련 도서 리스트	읽음 체크	
			진행 중 ●	완료 ✓
한국 명작	문학소양 및 한국 역사성 인식			
세계 명작	문학소양 및 세계 역사 의식			
외국어	관련 문학과 언어의 융합 능력			
교육	교육에 대한 자세와 가치를 알려주는 책 교사, 가르치는 직업, 교육프로그램 계발에 대해 알려준 책			
미술	관련 소양 능력 향상			
음악	관련 소양 능력 향상			
체육	관련 소양 능력 향상			

05 2022년 대학입시 개편안 분석[1]

보다 나은 교육을 위한 공정한 첫 걸음!

🔷 교육부

2022학년도 대학입학제도 개편으로,

학생의 부담은 줄어들고
선택권은 확대됩니다!

~2021학년도		2022학년도~
대학자율 (2020학년도 기준 4년제 일반대 수능위주비율 19.9%)	수능 위주 전형	**30% 이상**으로 확대
화법과 작문, 독서와 문법, 문학, 언어	수능 출제 범위 — 국어	(공통) **독서, 문학** (선택) 화법과 작문, 언어와 매체 중 택1
가형(이과) 수학Ⅰ, 확률과 통계, 미적분 **나형(문과)** 수학Ⅰ, 수학Ⅱ, 확률과 통계	수학	(공통) **수학Ⅰ, 수학Ⅱ** (선택) 확률과 통계, 미적분, 기하 중 택1
사회, 과학 계열 구분, 계열 내 택2 * 사회 : 9과목 중 택2/과학 : 8과목 중 택2 /직업 : 10과목 중 택2	탐구	**사회, 과학 계열 구분 없이 자유롭게 택2** * 일반계 : 17과목(사회 9과목, 과학 8과목) 중 택2 직업계 : 공통 1과목+선택 1과목(5과목 중 택1)
상대평가 : 국어, 수학, 탐구, 제2외국어/한문 **절대평가** : 영어, 한국사	수능평가방법	**상대평가** : 국어, 수학, 탐구 **절대평가** : 영어, 한국사, 제2외국어/한문
70%	EBS 연계율	50%
대학 자율 (2020학년도 기준 12개교/4,790명 모집)	적성고사	폐지
대학 자율	교사 추천서	폐지
대학별 고교유형별 합격자 수 공시	선발 결과 정보 공시	대학별 대입전형별 고교유형·지역별 합격자 수 공시

분석 정시 또는 학생부교과전형의 비율이 늘어나는 방향이지만, 여전히 학생부종합전형이 주류를 차지하고 있는 만큼 집중적으로 대비해야 함은 변하지 않았다.

---

1) 출처 : 교육부

학교 안에서 이뤄지는 정규교육과정

교육활동 중심으로 기록합니다.

학생부 기재	학생부 기재
방과후학교 활동 (X)	**청소년단체명만!** ※ 학교교육계획에 따른 청소년단체활동으로 제한 **학교스포츠클럽활동** ※ 개별적 특성 중심으로 간소화 **봉사활동 실적** ※ 특기사항은 삭제

과도한 경쟁과 사교육을 유발하는

요소와 항목들을 정비합니다.

학생부 기재	학생부 기재
소논문 (R & E) (X)	**수상경력** ※ 대입 제공 수상경력 개수 제한(6개) **자율동아리** ※ 학년당 1개로 기재 개수 제한(3개) (동아리명과 간단한 동아리 설명만 한글 30자 이내로 기재(공백 포함)) **자격증 및 인증취득** ※ 대입 활용자료로 미제공

분석 자율동아리 기재가 학년당 1개로 축소됐다. 동아리활동에서 부각시켰던 전공 적합성은 타 영역에서도 나타나도록 전공 계열별 통합활동으로 계획적으로 집중해야 한다. 소논문은 각종 보고서나 글쓰기 관련 과제로 대체해서 수행하기를 권장한다.

대학별 면접, 구술고사, 지필고사가 개선됩니다.

>>> 면접·구술고사 <<<

학생부 기반의 맞춤형 면접 원칙,
구술고사
최소화

※ 선행학습금지법에 따른
대학면접문항 점검 위반 시 엄중 제재

대입출신고교
블라인드 면접 도입

>>> 지필고사 <<<

수능과 문항 유형이
동일하게 출제되는
수시 적성고사
폐지

사교육 유발이 우려되는
논술전형
단계적 폐지 유도

[분석] 면접은 학생부 기반 면접을 원칙으로 하고, 제시문을 기반으로 하거나 문제를 푸는 구술고사가 최소화됐으므로 스토리텔링을 위해 독서를 활용하는 능력이 더 중요해졌다.

또한, 학생부 기재 부담을 줄이고
교사 간 기재 격차를 완화하기 위해

4,000자

각 항목별 특기사항 입력 글자 수

2,200자로 축소되며

항목	현행					개선안				
	자율	동아리	봉사	진로	계	자율	동아리	봉사	진로	계
창체특기사항	1,000	500	500	1,000	4,000	500	500	×	700	2,200
행특종합의견	1,000					500				

[분석] 입력할 수 있는 글자 수가 줄었기 때문에 선생님과 소통하며 개인의 인상적인 기록을 계획해서 활동하고 작성하는 것이 더욱 중요해졌다. 독서를 바탕으로 인상적인 기록을 남겨야 한다.

06 2025년 고등학교 신입생부터 시행 예정 - 고교학점제 도입

고교학점제란 학생이 공통과목 이수 후, **진로·적성에 따라 과목을 선택해 이수하고**, 이수기준에 도달한 과목에 대해 **학점을 취득·누적해** 졸업하는 제도다.

고교학점제 도입은 **고교체제 개편**(2025년 외고·자사고 등 일반고 전환)과 더불어 **우리나라 고등학교 교육의 근본적인 패러다임 전환**을 위한 핵심 국정 과제로, 인공지능 등 4차 산업혁명으로 인한 급격한 사회 변화, 감염병 발생, 학령인구 급감 등 불확실한 환경 속에서 **학생 한 명, 한 명이 자신의 진로와 적성을 찾아 자기주도적 인재로 성장**할 수 있도록 지원하는 취지를 담고 있다. 고교학점제는 2018학년도부터 연구·선도학교를 중심으로 학생 선택형 교육과정 운영과 지역 단위 고교학점제의 모형을 만들어 왔으며, 2020년부터 산업수요 맞춤형 고등학교(51개교, 이하 마이스터고)에 우선 도입해 운영 중이다.

고교학점제 도입으로 기대되는 변화

학점제에서 학생은 학교가 짜주는 획일적인 시간표가 아니라 **희망 진로와 적성을 고려해 과목을 선택해 공부**하게 되고, 학급 기반의 담임제 운영도 소인수 학생 중심으로 변화된다. 지금까지는 학교 유형에 따라 교육과정이 달랐지만, 앞으로는 일반계고에서도 **학생이 원할 경우,** **특목고 수준의 심화·전문 과목, 직업계열의 과목** 등 다양한 과목을 선택할 수 있다. 또한, 소속 학교에서 개설되지 않는 과목은 **다른 학교와의 온·오프라인 공동교육과정**을 통해 수강할 수 있으며, **지역 대학이나 연구기관**을 활용한 수업을 통해 학교에서는 배울 수 없는 다양한 과목도 이수할 수 있다.

고교학점제 도입을 통한 변화

	과거의 학교 운영	고교학점제에서의 변화
교육과정	• 교사 중심 획일적 교육과정 • 대학 진학 중심(일반계고) • 학급별 시간표	• 학생 선택형 교육과정 • 진학, 취업, 예체능 등 **진로 존중** • 학생 개인별 시간표
학사운영	• 출석일수만 채우면 졸업 • 학업 참여 동기 부족	• **출석 + 학점 취득해야 졸업** • 학업 이행 책무성 부여
교수자원	• 소속 학교 교사의 수업 수강	• **타 학교 수업, 온라인 수업** 수강 • **학교 밖 전문가** 수업 참여
학습공간	• 소속 학급 중심의 생활 • 일반교실 중심의 획일적 공간	• 선택과목 중심의 **이동수업** • **학습·지원·공용공간** 등 다변화
고교체제	• 고교 다양화가 서열화 초래 • 학교별 분절적 교육과정 운영	• 학교 내에서 학생별 맞춤형 교육 • 지역 교육공동체 구축

고교학점제 종합 추진계획 주요내용		
추진 과제	**주요 내용**	
❶ 학점제형 교육제도설계	교육과정	• **총 이수학점 적정화, 과목구조 개편 및 과목 다양화** • **중-고교 학교급 전환 시기 학생 지원 프로그램 운영**
	학사제도	• **교과 이수기준 정립**(과목출석률, 학업성취율 충족 시 학점 취득) • **학점 기반 졸업체제 마련**(출석일수 충족 ⇒ 출석+ 학점 취득)
	평가제도	• **성취평가제** 확대 도입(2019 진로선택과목 → 2025 모든 선택과목) • **미래형 대입제도 논의 착수**(2028학년도 대입 적용)
❷ 학생 중심 학교운영 지원		• **진로 및 학업설계 지도** 체계화, 수강신청 시스템 구축 • 창의적 체험활동에 **'진로 탐구 활동' 도입**, 에듀테크 기반 교육혁신 • 학교 간 공동교육과정 활성화, **학교 밖 교육 학점 인정**
❸ 고교학점제 지원체제 구축		• 교원의 다과목 지도역량 강화, **학교 밖 전문가 교육 참여** 활성화 • 학습·공용·지원공간 등 학점제형 **학교공간 조성 지원** • 지역자원 연계, 교육소외지역 여건 개선 등 **지역 간 교육격차 완화**

1. 학점제형 교육제도 설계

1) 교육과정

고등학교의 수업·학사운영이 기존의 '단위'에서 '학점' 기준으로 전환하면서 학습량 적정화와 학사 운영 유연성 제고를 위해 졸업기준을 204단위에서 192학점으로 조정한다.

학생 선택권을 높이기 위해 **고등학교 과목구조를 개편**하는데, 그간 주로 특목고에서 개설한 **전문교과I을 보통교과로 편제**하고, 선택과목을 일반·융합·진로과목으로 편성할 예정이다.

교과	과목
보통교과	공통과목
	일반선택과목
	진로선택과목
전문교과	전문교과 I *(심화과목)
	전문교과 II (직업과목)

교과	과목	
보통교과	공통과목	
	선택과목	일반선택과목
		융합선택과목
		진로선택과목
전문교과	전문공통/전공일반/전공실무	

2) 학사제도

[현행]

성취율	성취도
90% 이상	A
80% 이상~ 90% 미만	B
70% 이상 ~ 80% 미만	C
60% 이상~ 70% 미만	D
60% 미만	E

[향후(2025학년도~)]

성취율	성취도
90% 이상	A
80% 이상 ~ 90% 미만	B
70% 이상 ~ 80% 미만	C
60% 이상~ 70% 미만	D
40% 이상~ 60% 미만	E
40% 미만	I

↑이수
↓미이수

2025학년도 신입생부터는 학점기반의 졸업제도가 도입된다. 학생이 과목을 이수해 학점을 취득하기 위해서는 과목출석률(수업횟수의 2/3 이상)과 학업성취율(40% 이상)을 충족해야 하며, 3년간 누적 학점이 192학점 이상이면 고등학교를 졸업하게 된다.

3) 내신평가 제도

2019학년도부터 보통교과 진로선택과목에 적용되고 있는 **성취평가**

제를 2025학년도부터 모든 선택과목으로 확대 도입이 확정되었다.

[현행(2019~) **]**	
교과	**성적산출**
공통과목 일반선택과목	성취도(A, B, C, D, E), 석차등급 병기
진로선택과목	성취도(A, B, C) 표기

[개편안(2025학년도~) **]**	
교과	**성적산출**
공통과목	성취도(A, B, C, D, E, I), 석차등급 병기
선택과목 (일반/ 융합/ 진로)	성취도(A, B, C, D, E, I) 표기

2. 학생 중심 학교운영 지원

학생이 자기주도적으로 진로를 설계하고 이에 맞춰 과목 선택과 학업 계획을 수립하도록 지원한다.

비교과 영역인 창의적 체험활동을 재구조화해, **교과 융합적 성격의 창의적 체험활동 영역** '(가칭)**진로 탐구 활동**'을 도입한다.

3. 고교학점제 지원체제 구축

학점제 운영을 위한 교원, 학교 공간 등 지원체제를 마련한다. 다양한 학습·지원·공용공간, 고등학교에 학점제형 학교 공간을 조성하고 지원한다.

출처 : 교육부 보도자료(고교학점제 종합 추진계획 발표)

상위권 대학으로 가는 지름길

독서로 완성하는 학생부

제1판 1쇄 발행 | 2018년 10월 5일
제2판 1쇄 발행 | 2019년 3월 20일
제2판 4쇄 발행 | 2021년 6월 15일

지은이 | 서현경 · 엄신조   감수 | 김종춘
펴낸이 | 윤성민
펴낸곳 | 한국경제신문*i*
기획 · 제작 | ㈜두드림미디어
책임편집 | 배성분   디자인 | 노경녀 n1004n@hanmail.net

주소 | 서울특별시 중구 청파로 463
기획출판팀 | 02-333-3577
E-mail | dodreamedia@naver.com
등록 | 제 2-315(1967. 5. 15)

ISBN   978-89-475-4446-7   43370